我的媽呀！林小姐

《寶島神很大》帶你認識粉絲最多的女神

目錄

推薦序

流動的媽祖婆

林美容（中央研究院民族學研究所兼任研究員）

《寶島神很大》工作團隊即將出版一本有關媽祖婆的書，書名叫做《我的媽呀！林小姐》。雖然這個書名我有點聽不太習慣，不過團隊的用意很好，是要來提升、讓年輕人能更了解媽祖的信仰。

這個書名會這樣取我猜想應該是因為媽祖婆就是天上聖母，天上聖母就跟我們的媽媽一樣，所以「我的媽呀」可能有這個意思。「林小姐」大概是指她在世的時候，一輩子都沒結婚。媽祖婆以前的名字林默，祂出生之後都要滿月了還不開口，就取名為默，靜默的默。祂出生的時候還有其他異象，包括滿室生香、天上有光，台灣人因而非常熱烈崇奉。

媽祖信仰在台灣民間信仰裡很重要，因為台灣的開發、歷史，和漢人的社會發展，還有民俗曲藝，都和媽祖婆關係很密切，下一代的年輕人一定要好好了解媽祖。不是只有三月瘋媽祖，你跟人家瘋、跟著人家走、跟著人家刈香，但還是要看一些書，對媽祖婆有一些了解。

台灣的媽祖信仰發展有小間的角頭廟、村廟或是聯庄廟，鄉鎮裡的大廟，還有區域性的信仰中心。書裡面提到的六間媽祖廟不少是很重要的區域性信仰中心。從北邊開始，北投的關渡宮、苗栗白沙屯的拱天宮、再來大甲的鎮瀾宮、北港的朝天宮，接著就是我研究比較多的彰化南瑤宮，最南邊的是林園鳳芸宮。這幾間廟很多都是國家認定的古蹟、無形文化資產，其活動信眾參與熱烈，所以書裡多多少少都有提到，不是只有提到媽祖本身而已，還包括相關的儀式、慶典、活動、廟會。

現在台灣有很多年輕人非常有興趣跟媽祖走，媽祖最有名的就是刈香，刈香就是在顯示媽祖婆的一種流動。媽祖和其他神明較不同之處，是祂一天到晚趴趴走，總是一庄過一庄、一鄉過一鄉地走，有時祂會去巡海境，也會有陸巡。所以祂的形象特別是跟男性神祇對照的話，就像漢民族、漢人社會裡的女性，她就要這一家嫁到那一家、從這一庄嫁到那一庄，透過婚姻關係串聯許多家族，媽祖也是一樣，透過聯庄的祭祀活動，串聯大範圍區域裡的村庄。

仔細觀察現在進香的路線，就像過去台灣由南而北開發，古早移民路線的對照，刈香就很像在走以前我們先人走過的足跡一樣，隨著媽祖婆去緬懷、紀念、體驗先人走過的足跡。進香的人常常會充滿很多感激，本來他就是有求媽祖婆，獲得保佑他就會熱烈積極地參與刈香，可是無形中來看，其實我們都是在回溯先人走過的路。

《寶島神很大》工作團隊的成員應該都是媽祖囝，對媽祖婆的紀錄、拍片都很用心。媽祖婆向來很會走，他們的攝影器材也是要跟著走，帶那麼重的東西也是要這樣追，當媽祖婆的活動場景非常廣闊，團隊也要兼顧每個角度的拍攝。可是他們都能不厭其煩地做，應該是很辛苦，但我想媽祖婆會給他們很大的保佑跟祝福。

這本書的出版代表民間信仰的通俗化是重要的，更希望年輕一代不是只有跟著媽祖在走，也要了解祂的信仰文化、深度意涵。希望大家共同來促成媽祖婆在人間、媽祖婆在台灣，甚至讓祂變成「台灣之光」，因為全世界媽祖信仰就屬台灣最火熱。所以媽祖信仰文化若能推展出去，對世界各地的人若要了解台灣文化，也是一個很重要的切入點。

推薦序

跟著《寶島神很大》認識國民媽媽林小姐

林茂賢（台中教育大學教授）

與節目的緣分來自於，我在大學裡所開的課程就是有關台灣民俗、台灣文化與宗教信仰，也常常帶學生參加媽祖進香、燒王船、搶孤，或是原住民的祭典、民俗活動，認識了當時在三立擔任製作人的小龍。因此緣故，變成《寶島神很大》的常客，當然也是因為對我來說，這個節目是比較正面的，就合作至今。

跟《寶島神很大》的合作，我印象最深刻的就是小琉球觀音媽海巡。那時大家坐著船隻，跟著觀音媽從小琉球來到東港，在這個過程裡，我一直很感動，也很深刻體驗觀音媽信仰為什麼在小琉球最重要，而非其他神明。重要的是，那次我看到節目的這些工作人員，不只是專業，而且非常「頂真」。

這是我跟《寶島神很大》合作中最感動的一次。

我們看到很多宗教性節目都會強調神蹟，不然就是強調靈異事件，為什麼呢？背後原因是為了收視率，所以會灑狗血、浮誇，說的好像「神明會吃糕仔」（形容神明靈驗）。但是《寶島神很大》不會，它一直報導著宗教信仰裡，最人性的一部分；報導那些進香客為別人去進香，或這些可愛的信徒為宗教付出的那種精神。我覺得這是《寶島神很大》跟其他宗教節目最大的不同之處，我們不強調神蹟、不講求靈異事件，再來也沒有在賣香、賣金紙、賣項鍊，都沒有。

我覺得這是一個非常好的現象，我想會觀看《寶島神很大》的很多信徒，除了純粹的宗教信仰，還能透過節目了解信仰背後的內涵。很多人都是拿香跟拜，進廟後到底在拜什麼神明、或神明的由來都不知道，就是長輩這樣拜就跟著。《寶島神很大》我認為它不是宗教型的節目，而是知識型，也就是說除了報導宗教活動、神明以外，還會告訴你神明的由來、祂的轉變，或者是在宗教信仰裡，最正面、最有價值的所在，這是和其他的宗教節目完全不同之處。

因此會期盼《寶島神很大》團隊以後繼續堅持正面的、平實的報導，不會為了收視率，轉化成一個商業、營利節目；不只是持續堅持不賣香、不賣金紙、不賣雜七雜八結緣品的態度，也要讓所有觀眾能真正了解宗教信仰的本質。不刻意強調靈驗、靈異事件，希望它除了是報導宗教信仰活動的節目，能帶給觀眾更多知識性的東西，讓信徒能了解說，你拜的到底是什麼神明，為什麼祂值得我們尊敬、為什麼成神，如此將會對台灣的宗教有很大影響。特別是在台灣的學校課程中，並沒有這些知識的傳遞，很多學生並不知道王爺是誰、廣澤尊王是誰，也不知道什麼是土地公，什麼神明我們都拜，但是都不知道祂的由來。我想《寶島神很大》剛好可以教育這些信徒，認識本來就在我們周遭的民間信仰，我想這是對台灣社會最大的貢獻。

《我的媽呀！林小姐》的主題是媽祖，其實媽祖就是台灣人共同的媽媽，我們稱祂為「媽祖」，而媽祖的形象就跟我們每個人的媽媽非常相似。透過這本書，期盼讓媽祖信徒了解媽祖信仰在台灣為什麼這麼重要；媽祖信仰裡更重要的是，祂讓台灣民眾有一個心靈寄託。無論何時，從唐山過台灣到現在，每次我們遇到困難，都會找最親愛的媽媽，也就是媽祖來傾訴，只要願意開口訴説困難之處，總會默默地解決困難。《我的媽呀！林小姐》這本書讓我們了解，其實媽祖給我們的是希望和信心，而非透過媽祖信仰能獲取現金、或者是簽中樂透彩。更重要的是讓我們有自信，讓我們有一個寄望，我們都相信媽祖婆會保庇我們，這樣就夠了。

我相信，《我的媽呀！林小姐》這本書，除了介紹媽祖，更發揮祂這種向上、正面、感人、無私的精神，這也是媽祖所給我們真正的啟示。過去類似的宗教神明介紹，都會去強調神蹟，在本書中討論的重點卻是在説媽祖撫慰人心，安慰很多受創的心靈，我們心裡有困難、焦慮、無助時，透過媽祖信仰帶給我們自信，我想這是這本書能給讀者最大的影響力。

推薦序

全台媽祖大集合，影音文字雙享受

／洪瑩發（中央研究院人文社會科學研究中心）

《我的媽呀！林小姐》這本新書是「寶島神很大」團隊，包含所有工作人員、顧問、主持人的心血，好幾年來，《寶島神很大》走遍全台灣，甚至遠赴東南亞拍攝，為觀眾收集各式各樣的民俗風情，呈現台灣與華人世界的多元風俗與精采文化。團隊與工作人員透過影像表達信仰典故與故事，現在他們想透過多元的方式來呈現，本書即是精采內容的集結，要利用書籍以及多元媒體的方式介紹台灣的媽祖文化。

媽祖是宋代以來的重要女神信仰，在南方的華人社會具有高度的重要性，媽祖也是少數跨越眾多藩籬的重要信仰。祂在台灣約有一千多間有登記的媽祖廟外，也隨著華人、台灣人等，隨移民往外擴散，擴及整個亞洲區域，甚至遠達美洲、歐洲、非洲，將媽祖信仰傳布到全世界，以北港朝天宮為例，祂在美國、非洲、日本等地皆有分靈廟

本書記錄台灣重要的媽祖信仰儀式，從南到北、遍布全台，都是台灣極具代表性。最北的是關渡媽，大台北地區居民應該不陌生，祂雖然沒有集體大型活動，但台北人都知道，從年頭到年尾，請關渡媽是民俗生活的日常，從宜蘭到桃園一帶，常見迎請關渡媽的儀式。台灣中部則有兩個重要的媽祖進香：一個是飄忽不定的白沙屯媽祖進香，不固定的行程，信徒常常追著媽祖跑，媽祖會主動關心民眾，也到學校裡面去看看小朋友，到醫院去安慰病患，常見各種感

人畫面。另一個重要的民俗活動，就是被譽為世界三大宗教活動之一的大甲媽祖進香，根據觀光局統計其參與人超過百萬人，進香路程來回四百多公里，參與形式八仙過海各顯神通，有走路、騎機車、搭遊覽車等各種方式，利用各式各樣形式參與媽祖進香，也是台灣非常重要的信仰文化代表。

彰化南瑤宮則是單一媽祖廟神明會分布最廣闊的，祂在中部幾個縣市，如彰化、台中、南投，都具有非常重要高度的影響力，彰化媽祖進香更是歷史上重要進香儀式。另外最重要的就是北港媽祖，北港媽無庸置疑是台灣最重要的媽祖進香跟香火中心，節目拍攝多次北港媽祖的祭典活動，包含元宵遶境、農曆三月十九遶境等，是非常深具特色的文化資產，祂從年頭到年尾的請神、進香，除了是台灣非常重要的民俗文化，亦是全台信眾的民俗日常。節目最南還有拍攝高雄鳳芸宮的媽祖海上會香，節目透過各種方式讓觀眾看到海洋性格的媽祖文化，與壯闊的畫面。

在本書中羅列台灣北中南的媽祖信仰文化，《寶島神很大》節目團隊將台灣重要的媽祖信仰文化活動，透過節目與文字整理的方式，讓我們看到不同類型的媽祖信仰形式，是非常好的嘗試跟展現，也值得鼓勵。本書也不只是單純的文字整理，更整合線上資源輔助，搭配線上媒體影音，介紹台灣本土的宗教文化，形成寓教於樂的效果。因為多元豐富特性，除了自己閱讀使用外，也適合作為教材，適合推薦給家長、老師使用，利用平面的書籍跟立體線上影音搭配，作為教學的輔助教材，可以讓年輕人與學生更加認識台灣本土文化。

你要怎麼介紹台灣的民俗文化？是有時候我們會遇到的問題，本書可以成為台灣人去對外介紹與宣傳台灣文化的重要讀物，台灣除了美食、風景外，最重要的是民俗文化，台灣民俗文化當中，重中之重就是媽祖與王爺信仰，可以透過本書精采的畫面，讓外國朋友感受台灣人的熱情跟豐富的民俗文化。

台灣民間信仰人口可能占全部人口八成以上，但台灣很少有人願意做一個民俗文化節目，目前可能只有這個真正以台灣民俗信仰為核心的專業節目，我們更需要努力支持他們的行動，努力讓我們豐富的信仰文化被看見。透過三立團隊用不同的方式，而且是比較輕鬆易讀的形式，吸引不同的族群了解與參與，讓台灣民俗文化紀錄邁向更新的境界。所以我們非常感謝、也非常期待，《我的媽呀！林小姐》這本書的出版，同時也希望有下一本關於王爺或觀音新書的出版，因為透過這樣不斷累積，可以讓台灣文化與民俗能文化傳遞，進而深化信仰內涵，這是一個非常重要新的嘗試，期待為台灣民俗與文化產業帶來新的氣象。

推薦序

山高自有行路客、水深總要渡船人

溫宗翰（民俗亂彈執行編輯）

民間信仰來自生活日常，是所有民俗、戲曲、藝術最核心的文化價值觀，涉及民眾在食、衣、住、行、娛樂的思想邏輯，也蘊含著生而為人最基本的宇宙觀，並在世代累積過程，培育人們傳承著生命價值觀。在傳統社會裡，民俗不太需要特別教育，因為民俗就是生命傳衍的一部分，是每個人安生立命的基礎教養。

戰後台灣社會甫脫離日本殖民統治，又接續進入威權統治的社會控制長達數十年，台灣人的文化認同與思想意識，受到極大壓抑與限制，再加上一九六〇年代跨國企業帶來全球化體系的文化衝擊，面對不同強勢文化輪番撞擊，尚不足以面對自我文化認同的重新建立，便又受到各種西方社會文化的覆蓋。以致台灣本土意識遲至一九八〇年代才開始，本土教育則遲至一九九〇年代末期以後，才正式展開。

台灣在本土化教育推展過程當中，無論歷史、地理、社會、文學，甚或語言、音樂、生物、科學等各類學科領域，多少都能跳脫舊有教育框架的限制，重新建立一套知識系譜；可惜是，唯獨民俗文化始終在現代教育體制裡缺席。除非你讀的是大學，大學裡又剛好有民俗課程，才有辦法接觸到民俗議題的思辯與討論。

在著重於菁英邏輯的現代教育當中，民俗文化缺席自然不正常，這不僅僅代表我們社會將民俗視若敝屣，民間信仰甚至是邊緣中的邊緣。經常有很多人認為，無論是語言或文化，尤其是民俗，只要在生活裡、家庭裡做傳承就好，不必要在學校裡面進行教育；其實現代社會的文化傳承，恐怕沒有這麼容易。

從擔仔麵到西餐廳，拜上帝公到信耶穌，台灣人走得很快，但現代性的魅惑與文化帝國主義的強殖，使我們一度認不清這塊土地最純樸自然的原始樣貌。我們要知道，民俗文化不是只有傳承這麼簡單，最重要的還有價值觀念的分享，傳統與現代並不是截然對立，也不能用二分法來看待；民俗思維需要知識的累積，才有辦法真正讓這塊土地上最厚實的生命養分，融入每個昂揚獨立的台灣人血液裡，找到作為「我們的」歷史驕傲，使民俗文化推廣走得更遠，甚至推到其他國家、不同地方。

《寶島神很大》是台灣非常特殊又稀罕的文化節目，節目為了融入社會大眾的生活，採用比喻、輕鬆態度、戲劇與娛樂等等，可以讓人們融入閱讀情境，容易接觸的節目元素；卻也不會為了收視率去追求「灑狗血」「賣弄神秘感」的靈異討論，反而是一步一腳印地強調專業知識，與學者共同研究地方習俗與文化，試圖帶著觀眾們去深入台灣每一個傳承信仰的角落，認真地為信仰推廣製作深入淺出的節目內容，為地方社會締造榮譽感。

當然，更重要是，許多民俗文化根本是學校教育裡所沒有的內容，有時還可以為錯誤的教科書撥亂反正，我有一位在南投教書的朋友，上課要教民俗時，有時就會播放《寶島神很大》舊節目給孩子們看，搭配製作學習單，顯示這個節目不只是娛樂休閒，更兼具有知識、知性的一面，是整合性很好的節目。俗語說「山高自有行路客、水深總要渡船人」，《寶島神很大》

就像民俗渡船人，為這個時代的民俗缺稀症，引渡過河。

節目團隊這次出版的《我的媽呀！林小姐》，用這個書名很有趣。林小姐是什麼人呢？我想全台灣應該沒有人不認識她，因為林小姐就是林默、林默娘，也就是大眾常講的媽祖婆。我常常說，每個台灣人心裡都有一尊媽祖婆，為什麼呢？

除了全台灣各地都有媽祖廟以外，還因為媽祖婆就像台灣女性的縮影，是我們的媽媽與阿嬤。我從高雄到台中求學時，媽媽知道我要離開，就特別向媽祖求了護身符，讓我可以帶在身邊，因為她無法親自隨行，但她相信媽祖婆可以代替她，隨時跟在我身邊保護我，媽祖婆就是媽媽的「替身」。

此外，我們還可以發現有很多人在信仰媽祖的過程，可以找到很大的力量。學者林美容說媽祖婆是台灣未婚而亡女性的總和，祂具有一種隱喻力量，能撫平傳統社會裡重男輕女現象；甚至給多元性別者勇於面對社會的力量，爭取同性婚姻時，媽祖也成為與傳統性別框架對話的窗口；很多廟宇更因為拜媽祖婆，女性在祭典當中的位置越來越提升，傳統社會認為「查埔人祭典、查某人廚房」，女人好像都只能待在廚房「款拜拜」，但是因為媽祖，女性也可以成為祭典核心人物。

媽祖是女性，而且祂是一個可以保護很多人的女性，所以祂力量很大，每個人都喜歡媽祖，都覺得我們跟著媽祖學到那種慈悲心，或者說那種比較溫柔的特質。不過，媽祖也不是都溫柔的，媽祖也很會「出戰」，像「三媽愛出戰」，三媽威猛治精怪或者治病都很厲害。所以說媽祖是那種既剛既柔，同時兼具那種男性可以的事情媽祖也可以，女性可以的事情媽祖也可以，所以媽祖是台灣展現移民社會，結合父系與母系的關鍵神明，非常有特色、非常重要、非常本土的民間信仰。

這本書不只單純介紹了媽祖傳說，將全台灣比較重要且知名的媽祖廟都寫在裡面。比方說北台灣影響範圍最大的媽祖就是關渡媽；中北部則有漸漸以徒步進香出名的白沙屯媽祖婆；大甲鎮瀾宮的大甲媽，每年徒步進香帶來豐富信仰人潮；甚至在清朝時期的彰化媽，也就是南瑤宮媽祖婆，祂十個媽祖會組成台灣最大的信仰圈；在南部則有已經登錄國家重要文化資產的北港朝天宮迓媽祖活動，再往南可以看到高雄鳳芸宮坐漁船進香。《我的媽呀！林小姐》這本書集結了台灣六個類型的媽祖信仰文化、有趣的大型活動，你可以看到人們為何爭相蜂擁而上，跟著媽祖去進香、去遶境，跟著媽祖去庄頭裡四處看顧；了解媽祖如何庇蔭地方，藉此學習各種台灣人情故事。

更重要是，由於《寶島神很大》有很厚實的影音資源，特別都將節目做成影片放上YOUTUBE，所以這本書也提供影片連結的QRCODE，讓每個人不是只能看圖、看文字，也可以掃描QRCODE來觀看節目。從這點就能看出團隊的用心，不是只有「迌迌」這種娛樂文化而已，還希望能達到教育的文化傳承作用，運用多種方式來推動、普及過去認真製作的這些節目，將其做一個結合。《我的媽呀！林小姐》是《寶島神很大》第一本代表作，如果你覺得手邊沒有什麼書可以教小孩認識台灣民俗，這本書絕對是你可以選擇的一本書，值得買回家給子孫做傳家之寶！

主持群推薦

上路，跟我們一起追林小姐！

跟著節目這樣成長六年多，從一開始不懂台語、民俗文化的白紙一張，就連媽祖婆，也只知道住家附近的淡水媽，可是全台各地或湄洲的媽祖故事，我一概不懂。

這本書將跟大家分享我們這六年濃縮的精華，集結民俗老師、一般人、在地人與廟方的看法，邊讀邊想像：現場的人情味是怎麼樣、媽祖婆教會我們什麼事。之後再到現場，一定會有更多感受，跟現場的人聊天，說不定還會看到書裡出現過的人，「書中自有黃金屋」，請走出黃金屋，跟我一起到廟會現場！

大家透過閱讀，會有身歷其境的感受，不過看書不如走萬里路，跟著我們一起去參加廟會，有更多故事可以交流，讓人生更加完美，也一起來認識媽祖婆。你可以用自己的方式來讀這本書，如果你跟我一樣是一張白紙，更可以有無限的想像力，去了解相關的歷史文化，還有媽祖婆要教會我們的事。

香蕉
（王俊傑）

進入節目的這段時間，體驗了許多以前沒機會接觸的事，比方說扛轎、跟著陣頭去熱鬧，還有跟著媽祖婆遶境進香，其中，我就扛過北港媽、大甲媽、白沙屯媽的神轎。拍攝過程中，我們希望可以從節目角度，讓大家知道比較罕見的故事與經驗。

而現在的這本書，讓你不出門就能知道媽祖婆的故事，認識媽祖婆到底是誰，或者六大媽祖廟的特色。如果你也是媽祖婆的信徒，媽祖婆的弟子，千萬不要錯過。

柯大堡
（柯凱耀）

講到「媽祖」，我會想到小時候的課本裡寫著，媽祖婆是一個很慈悲的女生，會在夜晚或颱風天時，拿盞燈籠站在岸邊，等待捕魚的人回來，那些出航的船隻看到祂的燈光就知道回家路。長大後發現，媽祖婆的故事好像不是只有這樣，尤其是我開始出節目外景後，聽到大甲媽、白沙屯媽、太平媽、旱溪媽、巷仔媽，這些不同名稱的媽祖婆，疑惑著這是為什麼。

慢慢去了解後，才會知道有的媽祖婆名稱的前面是地區、有的則是人們的期盼應許，不同地區的媽祖有不同故事。這麼多不一樣媽祖婆的故事，值得一個一個聆聽，聽完就會感到溫暖，或給人一股正向的力量。想知道媽祖婆的故事，打開這本書，你就會知道了喔。

阿白
（劉胤含）

台灣人的宗教信仰大部分都是受家中長輩影響，以我為例，住在基隆的我，從小長輩就會帶著我去基隆媽祖廟拜拜、點香，祈求健康、平安長大。農曆的過年或三月二十三，也會跟著長輩去拜拜。這一切對懵懵懂懂的我來說，就只是標準流程SOP。

直到開始主持《寶島神很大》，我才發現媽祖的信仰在台灣，背後蘊藏珍貴的歷史脈絡、乘載的教育意義，甚至發揮的安定力量，並未因時間消退，反倒是從本來的海上守護神，變成百家百業每個人不可或缺的信仰寄託。

媽祖娘娘看似遙不可及，卻又像是母親一般，隨時隨地在照顧、呵護眾人，我們都是媽祖的小孩。本書由北至南，為各位介紹台灣六大媽祖廟，除了有大家非常熟悉的台北關渡宮、白沙屯拱天宮、北港朝天宮、大甲鎮瀾宮、彰化南瑤宮，還有非常有特色的高雄林園鳳芸宮海上巡香。

本書除了詳實記載，還特別設計了QRCODE，讓讀者隨時掃描後就能連接到寶島神很大（On line）網站，觀看完整的影像紀錄。

許志豪

寶島神很大
BLESSING OF FORMOSA

引言

外景魂再進化 激出「民俗行腳」新滋味

／謝岳龍（三立台灣台節目總監）

歷經廿年歲月，只能說回首太難！

行腳節目夥伴們有個不能說的禁忌：要是出到艱困苦難的外景行程，絕對不能說「我下次不來了」，只要脫口而出，老天就會再給你一次機會，好好品嘗箇中滋味！

不論是用木頭鐵絲綁成登山梯的平溪孝子山、孤懸馬祖北竿外海的高登島；那是離島中的離島，我都去出過兩趟外景，你就知道我費盡千辛萬苦後說了什麼話！偶而放空時亂亂想，哪一天必須與神同行，閻君必然要問：這縷外景魂此生從事行腳節目的感想，該是如何回話？

「現在一點了！趕快都回去洗個澡收行李，等等五點集合出發。」外景前的腳本會午夜時分才結束，散場前製作人宣布的最後一句話！

「現在七點半，趕快吃晚餐，吃飽小睡一下，船老大十二點要開船、趕流水！」這是外景編導傍晚收工時下的通告！

「全線注意！王船剛從東隆宮出發，預計兩點多抵達海邊，主持人跟好、機器抓好，上科五點多點火，誰有空先去經理科領宵夜來當早餐？」這是凌晨的東港從直播中控台傳出的無線電呼叫！

這是行腳的日常，外景魂的習以為常！

三立節目部培養出全台最龐大的外景自製團隊，擁有最多的行腳節目與經驗，收視冠軍，得獎無數。從一九九八年前後開始，廿年來《愛台客》與《愛玩客》陪伴多少觀眾在午夜前的時分，上至天文下通地理；從台灣飛出七大洋五大洲，用鏡頭帶著老老少少看盡千山萬水；從美食、旅遊、百工到小人物故事，無窮無盡的人間百態。從《第三隻眼》《凡人啟世錄》《用心看臺灣》、《寶島漁很大》，一直到《草地狀元》、《在台灣的故事》、《呷飽未》……等，各個面向的行腳節目包羅萬象；不只贏得觀眾支持，擁有漂亮的收視率，還深耕台灣文化，紀錄在地精神，既爭取營收及增添品牌價值，也為媒體的社會責任貢獻一份心力。其實在多頭交戰的台灣媒體環境，要讓商業電視台以超過廿年的時間，長期支持一系列的行腳節目，並不容易，除了永續經營的眼界，更蘊含愛台灣的情懷。

二〇一四年，「先做出來要改才有東西改，依市場反應、觀眾需求再一步一步調整。」因這句話臨門一腳的催生，以民俗行腳模式製播的《寶島神很大》節目，就在當年五月十七日全台首播。

民俗行腳很特殊嗎？以民俗文化為內容的專題在新聞頻道常會出現，鄉野奇談、靈異抓鬼是獵捕節目收視率的利器，林府千歲茂賢公卻千叮嚀萬交代不可走上靈異之路，電視圈前輩李登財開創以介紹神佛宮廟為主題製播的民俗節目，是先鋒也是警惕。如何化解隔閡、深入淺出、讓節目生活化吸引更多人收看、又如何在大眾傳播的環境中經營分眾族群？需思考的點非常多。很多土生土長的台灣人從小就拿香拜拜，卻不知道為什麼而拜或想拜卻不知從何拜起，拜拜的文化內涵及意義，在節目中要怎麼呈現，才不說教並淺顯易懂，這些都是《寶島神很大》自開播以來，製作團隊時時刻刻要面對的課題。

休閒能量、說故事能力、營造期待、連結共鳴，是節目是否好看的關鍵，《寶島神很大》開播初期以Q版神明、卡通化後製、說書人口語化旁白等手段來包裝，就是參考迪士尼的手法軟化台灣民俗。後來逐漸轉化成運用資料庫建構故事情境，「潮文化」包裝，內容生活化，就是企圖擴大收視族群。節目的整體呈現，坐轎與抬轎都很重要，主持人的挑選與幕後工作夥伴的招募，一支民俗行腳特種部隊的組成，就是現實與緣分交互作用下的結果，此外，還需要重砲部隊以強大火力支援！集結眾多重量級民俗領域學者專家組成的顧問團，提供資料、諮詢、人脈，甚至還一起去外景現場解說，民俗顧問團強化了田野調查的後勤戰力，節省節目團隊前置作業的人力與時間。這個特殊組成猶如一支長途跋涉的進香隊伍，各司其職並互相扶持，各地應聲支援的愛台客之友就像進香時提供免費飲食的飯攤，統合這些來自十方的護持力量，為《寶島神很大》進香團相挺、贊聲，加油打氣，一路走來無限感激。二〇一九年，為了對華人世界提供更完整的民俗服務，於是「寶島神很大 On line」民俗生活網開戰（站）！

曾經在溫宗翰老師安排下，參加民俗論壇要來面對面打開天窗說亮話，一張收視率輪廓分析女多於男的投影片，以及民俗生活化可為與不可為的論述，讓原本磨拳擦掌準備好好「批評指教」的同好前輩們有所改觀，另一個秘辛是，許多媽媽們因節目時段由週六調至週三影響學童收視而蜂擁投訴，或許這是在民俗行腳之後的影響力與新命題。

「將軍要入廟啊！比去年晚一小時，三媽轎快要到水門囉！祖媽轎還要多久才能回宮？」這是民俗行腳的不確定性！「媽祖在宋朝是神女，明朝是天妃，清朝是天后，何時被稱為天上聖母？」、「大甲媽從台中走到嘉義，白沙屯媽從通霄走到北港，折返點各是哪座廟？」這是需要史地知識支持的民俗行腳，「嘉義城隍廟有九大柱、東港迎王有七角頭、南瑤宮有十媽會」這是民俗行腳必須分辨清楚的社群行為，這些台灣民俗的基本認知，說少了民俗界不認同，說多了對觀眾賣弄學問有門檻，從生活化的內容取得平衡，在收視率與文化厚度間潛移默化，很難卻也必須拿捏得當！

《寶島神很大》在節目開播前，整個團隊慎重地前往公司所在地大境主廟松山慈祐宮，向本書的主角林小姐也就是天上聖母——媽祖上香，敬請擔任節目守護神。再上凌霄寶殿呈疏稟告玉皇上帝，節目即將開播還請十方三界大開方便之門庇佑護持，在疏文中許下節目願景：「代天宣化、德智兼修、文化傳承、知所根源」。一直自我提醒，對台灣民俗懂得的人，有責任說給不懂的人理解；不懂的人也要有心細細感受。畢竟，永遠不缺湊熱鬧的人，卻總是缺乏懂門道的有識之士！

製作行腳節目深入在地，樂趣所在如人飲水，民俗行腳浩瀚龐雜，基層生活文化所在，只有不斷學習越見其偉大，只要樂在其中就能悠游自在！

哪天與神同行的日子到來，或許神會要我這縷「外景魂」為行腳為民俗下個註腳，你猜我會怎麼回話？

GOD BLESS
開廟門

不只做節目，更為民俗做見證

「你可曾想過，在台灣這座三萬六千平方公里的島上，除了小吃美食，濃濃的人情味之外，還是一座百年歷史的民俗博物館。」

這段開場白，具體而微地展現了《寶島神很大》的節目精神。透過剪輯影像，用以記錄觀察到的世界、理解所身處的台灣斯土斯民；更透過電視頻道傳送只為克服困難而生的「外景魂」，秉持的精神也是回到「土地」、進入每個鄉鎮的故事中，開始一步步探索這座島嶼。

那就是三立台灣台「愛台客」這條系列節目的推出、拓展與成熟，更是同類型行腳類節目的突破，將節目觸角深入一鄉一鎮一地的人情、深入不同的百工圖像，匯集台灣最精采的影像故事，呈現在鏡頭前。

二十年前，從《在台灣的故事》節目團隊出發，在一片綜藝化、講求快速便捷的風潮中逆行前進；強調慢下腳步，深入故事、鑽入人心、好好地認識並記錄台灣在地精神。

那時，節目中便開了一條支線拍攝民俗文化，不定期地以專題企劃介紹台灣各地最獨特的民俗文化日常。製作過程中拍攝了北港振玄堂、哪吒劇團、九天民俗技藝團、朴子太子會電音三太子等迄今仍影響深遠的重要團隊，更首度以行腳節目的製作模式，跟拍白沙屯媽祖徒步往北港進香過程。也是藉由這樣的實地操作，讓團隊知道其實民俗是台灣人歷史、地理、文化知識的累積，需要以不同節目型態深入介紹。

民俗不是只有拿香拜廟，民俗是每個民族紀錄過往、理解生命的方式，包括食衣住行育樂、從生到死，從個人至群體由內而外地形成一種獨特的社會整體氛圍。那是潛移默化於生活之中，許多人習以為常、未曾探究背後由來，甚至是知其然不知其所以然的民族智慧結晶、文化遺產。《寶島神很大》的雛型越趨完整，剩下的，就是等待一個機緣。

因緣際會得以拋出「那我們來製作一個以台灣民俗為主軸的節目吧」這個想法時，當下眾人不是那麼肯定，過程也是在半推半就之中趕鴨子上架；特別是曾經協助製作過以民俗為主題相關集數的成員，更是了解這個題目的難做。

宮廟、神佛、陣頭，怎麼想都不像是一家商業電視台會推出的節目內容。多虧了當時電視台高層主管的放手，節目工作人員的相挺，讓《寶島神很大》得以在邊拍邊調整的集體意志中，找到自己的風格並走到現在。

幾乎可以這麼說，這是一個所需背景知識含量極高的節目，每一集的企劃提出都要先做許多功課；收集資料、現場勘景、解讀文本、找專家學者查證，幕前的一小時，是幕後數週乃至數個月、數年的沉澱堆積。

民俗行腳的這幾年，從沒沒無聞到如今出現在廟會遶境等場合第一時間會被認出，逐漸在台灣各地的大小廟埕有了品牌力，因而能採訪到更精采的團隊與人物。這也提醒我們，節目一定要更加精益求精、要修持自我，才能不負群眾的支持。

《寶島神很大》的第一本書選擇了台灣的全民女神——媽祖作為主題，這位華人文化圈知名度最高的林小姐，隨著閩粵移民渡過黑水溝後在此岸落地生根，盛開成獨樹一幟的媽祖文化。

我們與媽祖的緣分，不僅是從白沙屯媽祖開始，獨家紀錄了全台各地不同的媽祖廟、遶境進香盛事等等；更是在當初節目製播之始，機緣巧合就選了松山慈祐宮作為上告天聽的所在，在澄黃疏文寫下祈願，硃砂色的字跡一筆一畫刻著團隊銘記在心的虔誠祝禱——

不只是在做節目，更是在為台灣民俗文化做紀錄。

OPENING

林小姐，何許人也

姓林氏，湄洲嶼人，初以巫祝為事，能預知人禍福；既歿，眾為立廟於本嶼。聖墩去嶼幾百里，元佑丙寅歲，墩上常有光氣夜現，鄉人莫知為何祥。有漁者就視，乃枯槎，置其家，翌日自還故處。當夕編夢墩旁之民曰：「我湄洲神女，其枯槎實所憑，宜館我於墩上。」父老異之，因為立廟，號曰聖墩。歲水旱則禱之，癘疫崇降則禱之，海寇盤亙則禱之，其應如響，故商舶尤藉以指南，得吉蔔而濟，雖怒濤洶湧，舟亦無恙。——廖鵬飛．《聖墩祖廟重建順濟廟記》

故事都有一個起點，最早最早，與我們的林小姐有關的，便是南宋廖鵬飛的一段文字。林氏女，就這麼簡簡單單的三個字，卻是台灣影響力最大女神的身分證明。

生於福建湄洲，住在海濱的巫女，慢慢地她的面貌與傳奇被描繪出來……

西元九六〇年，三月二十三日，曾負責沿海治安巡邏的林惟慤和妻子王氏最小的女兒呱呱落地。前一日，鄉里看見流星化為一道紅光，自西北天際射來，整個島上頓時光輝燦爛，隔日誕下一個小女嬰，直到滿月都未曾哭過一聲，於是便命名為默，娘則是稱呼時方便的口語。

林小姐自小聰明伶俐，八歲開始讀書只要看過幾乎就能記住內容，會游泳，還會預測天候變化，能指點漁船，常在驚濤駭浪中拯救落難者，被尊為「龍女」、「神姑」。不只能觀天象，她還能治病、讓人們趨吉避凶，終身未婚的她，在二十九歲時，於湄洲島得道升天。

這不是句點，而是林小姐屬於神界精采故事的開始。

1章

林小姐大本營佇這啦！
台灣媽祖總本山

北港，一座沒有林小姐（a.k.a 媽祖）不行的小鎮，「台灣三月瘋媽祖」直接內建在所有北港人的行事曆當中，每年三月的盛事，足以讓整個城鎮近乎沸騰。

在這裡，每一座小吃攤、每一間廟、甚至是每一個人都因為媽祖而生，整個小鎮皆是林小姐的狂粉。媽祖神轎旁的搖滾區更是一位難求，唯有年年準時報到的鍥而不捨，才有機會榮升林小姐貼身護衛。

這就是北港，台灣媽祖總本山！全台唯一真人藝閣車、虔誠又瘋狂的北港迓媽祖，吸引海內外訪客蜂擁前來，只求在每年春天可以一睹林小姐的慈眉風采。

女神歡樂慶，小鎮總動員

北港人會說「身為北港人，在找工作的時候，我早就打定主意，無論如何，農曆三月十九、二十，都一定要請到假回去為媽祖慶生。」

一手寫假單、一手遞辭呈是出外打拚的北港人間流傳的江湖傳說，甚至相傳著這樣的話：「過年可以不回家，北港媽祖遶境時，逃兵都要逃回來！」追星般的堅定信念、如此義無反顧的媽祖信仰，在節目團隊屢次走訪北港小鎮後更為深刻。

北港，這個沒有火車站、高鐵，甚至沒有國道經過的南台灣小鎮，每年開春之後，信眾便絡繹不絕地從各地前往北港拜媽祖。如同慢慢滾燙的熱水，醞釀的情緒及人潮，到了媽祖誕辰當天，便至沸騰的頂點，浪濤般的人潮，一波一波漫入，鑼鼓鎮日喧天，熱鬧的程度堪比狂歡嘉年華。

若細聽北港人日常交談，言語間可以輕易發現他們深以作為北港人為傲，不論正式被媽祖收做契子，或只是單純以「媽祖的小孩」自稱，鎮民以媽祖為生活中心，群眾的心意凝聚成一股誠摯的力量。

人潮擠爆朝天宮的廟埕，信眾摩肩擦踵。

這股力量，呈現在藝閣車的絢爛、遶境時的萬頭鑽動，更展現在遶境活動中的細微小事之間，看似無形卻又強大地將居民與故土牽在一起。

提早慶生94狂，媽祖生日嗨起來

依照文獻及後人考據，媽祖信仰是從中國閩粵地區的巫覡信仰演化而來，過程中吸取了其他民間信仰（例如千里眼、順風耳）元素，並且納入儒家、佛教和道教的思想，最後逐漸發展成為閩台海洋文化及東亞海洋文化的重要海神信仰祭拜對象。

傳統故事中提到媽祖的本名林默娘，「媽祖」是閩粵地區對女性祖先的尊稱，媽祖自南宋開始神格化，將傳說中於海岸邊指引討海人光明的女性稱為媽祖，受人膜拜建廟，被朝廷賜封為靈惠夫人，成為朝廷承認的神祇。

坊間賦予林小姐各種稱號，其中最廣為人知的是「天上聖母」，根據學者考究，在明朝崇禎年間媽祖被敕封「天仙聖母」；清朝乾隆之後，「天后聖母」逐漸在官民間使用；到了道光年間，「天上聖母」之稱則流行於信眾。王見川教授認為「天上聖母」乃「天上的聖母」，是從「天后聖母」訛稱而來。

從漳泉閩粵地區渡海至台灣的移民們，將信奉媽祖的宗教文化帶至台灣，而四面環海的台灣將媽祖海神信仰更為發揚，及至成為全台都熟悉的神祇。

全台各地媽祖廟因農曆三月二十三的媽祖聖誕，迎請遶境，張燈結綵、演戲酬神，熱鬧非凡，形成了「三月瘋媽祖」的台灣俗諺。「三月瘋媽祖」的風潮帶動，讓林小姐的神蹟魅力席捲整個台灣島，全台各地的信眾無一不拜倒在林小姐的鳳袍底下，而逐漸建構出「台灣之母」的共同記憶。

各地的媽祖慶典中，「北港迓媽祖」並非規模最龐大卻是最獨具一格的一場盛會。大部分人並不清楚在「一府二鹿三艋舺」之前，北港曾經有過「一府二笨」的繁華時光。

北港一帶古名「笨港」，在台江內海尚未淤積填平以前，是台灣重要的商業重鎮；因地理位置上依靠著笨港溪及海岸，移民傳統信仰裡，靠海吃飯便需指引海上光明的媽祖娘娘庇佑，許多商家於此發跡後，媽祖廟矗立，宗教祭祀圈及商業圈逐漸建立完整，跨海移民落地扎根，開啟新的時代。

雖然媽祖聖誕為三月二十三日，但媽祖信仰指標性廟宇的北港朝天宮卻將遶境日期選在提前幾日的三月十九、二十日。與眾媽祖廟不同調的原因紛紜，有個說法是因朝天宮在清朝時期，有段時間會在媽祖聖誕時，特地回去湄洲祖廟進香，信眾相信，甫從祖廟進香回來時，正是媽祖靈力最為強盛的當頭。故每當從祖廟進香回鑾，便會緊接著繼續起轎遶巡，趁媽祖神威最強的時間巡視各地。此後朝天宮就選定農曆三月十九、二十為媽祖巡境的慣例時間。

不能只有我看到，百年甕牆、精緻工藝見證北港風華

「人要衣裝佛要金裝」是自古以來不變的重要原則，當某一地區的信仰文化旺盛，當地的人文地景及宗教工藝創作便會滲透浸染到生活的各個縫隙，成為日常之間毫無違和的一部分。

來到北港追星，信徒不能錯過的還有朝天宮周邊、因應林小姐而生的美食及傳統工藝。

北港地標之一的暗街仔甕牆，就在距離朝天宮不遠之處，是著名拍照打卡的景點，牆面上整齊排列的甕，原是用來承裝北港出產、遠近馳名的「土豆油」。當這些甕器破損、或因使用年限久遠而缺角，不易修補卻又不捨得丟棄，前人便將淘汰的甕用來補牆、築牆，不僅可以通風，二來也不浪費，因此成就一道特殊的北港地景。

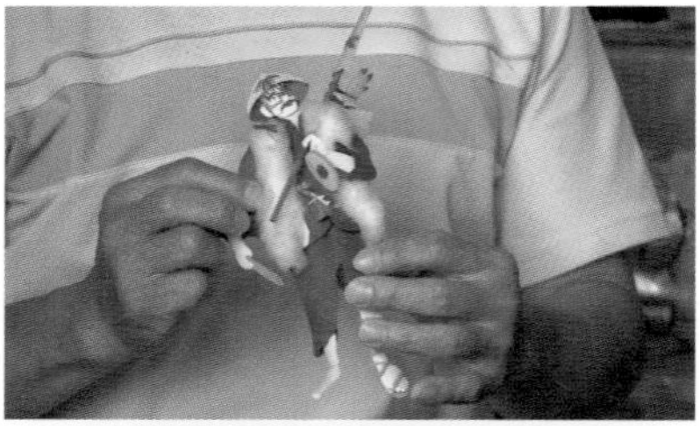

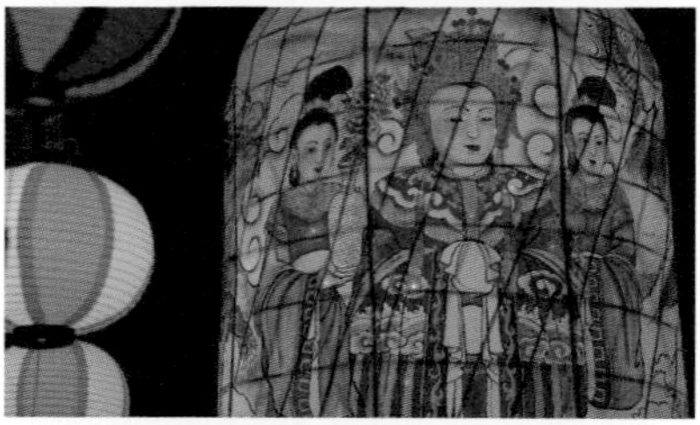

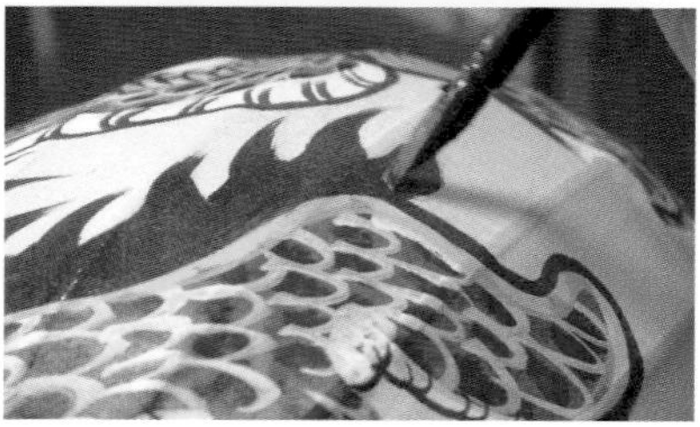

暗街仔甕牆過去曾因地震而倒塌，但當地居民認為這片牆代表著重要的街景特色，也是地區集體回憶的一部分，於是重新修復，成為信眾們朝聖林小姐同時，簽下到此一遊的懷舊景點。

除了別具特色的甕牆之外，在左轉右拐的北港小巷裡，隱藏諸多值得一訪的珍寶，其中一個便是由蔡享潤先生所創辦的「北港工藝坊」。成立僅有數年的工藝坊，建築物本身原為稅務局宿舍，隨單位調整及人員調動逐漸荒廢無人居住，空屋多年後，遂於近年改建為工藝坊。

蔡享潤說起自己起念召集此工藝坊的原因時，眼神閃耀著滿滿的熱情。「五湖四海宴」的誕生，是為了感念媽祖的庇蔭，是全國各路工藝匠人齊聚一堂、大展身手的最高規格祀宴。在媽祖信仰鼎盛的北港更是臥虎藏龍，在地培育出許多技巧高超的工藝師傅。

蔡享潤藉由創辦「北港工藝坊」提供常駐展覽的空間，讓這些工藝師的手藝不致埋沒，也可以讓各地民眾、國際旅人們隨時了解台灣在地藝術。北港工藝坊展出的作品包羅萬象，木雕、布袋戲、剪紙……集結了雲林各地藝術家的心血結晶。

其中一位工藝好手是節目團隊稱呼為「阿豐兄」的葉成豐，左手煮麵線糊、右手剪紙的他，是北港在地家喻戶曉的斜槓中年。原經營麵線糊攤的阿豐兄透過自學習得剪紙的好手藝，他將媽祖及其快樂夥伴——藝閣車、報馬仔、千順將軍等作為創作元素，藉由對林小姐的虔誠信仰，創作出一整套媽祖剪紙。

對他來說，剪紙不是為了賺錢，而是讓更多人透過這些作品認識北港。雖然他的作品不容易在遶境過程中展示出來，偶爾才能在藝閣車上驚鴻一瞥；現在，只要走進工藝坊，隨時都能看見這精采的手藝。

隨著工業自動化發展，傳統手工製作的行業面臨逐漸凋零的考驗，原本實用性的手工製作物，被工廠自動化、規格化的商品取代，而這些手工製品隨之轉變以為觀賞性為主的市場，反而與一般民眾生活有了距離感，不再與生活日常緊密扣合。「北港工藝坊」提供了舞台，透過定期展覽，讓大眾更加了解這些逐漸式微的傳統之美，期待這些精巧的技藝如朝天宮前鼎盛的香火一般、如北港人對於林小姐的虔誠一樣，一直閃耀下去。

精緻的工藝品帶來視覺的享受與滿足，美味的小吃也讓飢腸轆轆的信眾們滿足味蕾。來到北港，目不暇給的各類小吃讓人陷入選擇障礙，讓人不禁想多有幾個胃來裝填這些美食。回鄉飯（鴨肉飯）、煎盤粿、小排飯、蟳羹……，光是想像就忍不住垂涎三尺啊！

老受鴨肉飯的老闆蔡柏壬是《寶島神很大》製作團隊的老朋友，幾次拍攝下來，每回拜訪北港，製作團隊就像是回鄉的北港遊子，一定要到蔡大哥店裡走一遭，吃一碗回鄉飯。

每年舉辦廟宇節慶之際，就如一場宗教工藝的盛大走秀，林小姐絢麗登台。從巷邊的特色圍牆，到街上的古色建築、精緻手藝的工藝店鋪、日常小吃，走進北港，即可清楚感受到此地深厚的文化底蘊。這些因應林小姐而生的北港風景，是由媽祖為核心向外發散的信仰力量，團結凝聚了四散各地的北港囡仔。

響徹雲霄的起馬炮，昭告全鎮，林小姐準備出發了！

起駕啦！迓媽祖隊伍整裝預備出發

欣賞完匠人的精緻工藝，穿過朝天宮附近的小巷，信眾們無一不穿戴好裝備進入林小姐的神聖領域，興致勃勃等候媽祖巡境隊伍正式起步。

修但幾哩！（等一下！）迓媽祖的隊伍如此龐大、幾乎是萬人空巷，透過信眾奔走通報容易耽擱時程，古早時期又不像現在有手機可以「賴」一下，也沒有臉書可以打卡貼公告，更沒有專屬APP可以定位。頭前後壁該如何知道遶境隊伍的出發時間或行程進度呢？

為了讓廟口出發口號可以更快傳遞出去，北港迓媽祖延續施放「起馬炮」的傳統，藉由響徹雲霄的炮竹聲通報全鎮：「媽祖起駕啦！」信徒們動起來預備備！

起馬炮三響，北港媽祖欲出發

起馬炮通常分為三發，於朝天宮廟口施放，第一發是集合眾信徒；第二發是預告準備起駕；第三發則是宣布聖駕出發。

為了體恤信眾追星辛勞，讓人有充裕的時間準備，三發起馬炮之間會盡量相隔一段時間。時至今日，即便訊息傳遞已便捷很多，北港朝天宮依然保留傳統，三響炮結束也不會立刻出發，還有一項應援活動準備進行——唱班，只要現場身歷其境，都一定能感受到跟著眾人一起吶喊「有喔！」時，那種從背脊到頭頂發麻的感動。

「**大中華民國，台灣省雲林縣北港鎮，北港朝天宮天上聖母，戊戌年農曆三月十九日，出廟遶境閤省平安，五穀豐登，四時吉慶，風調雨順，國泰民安，進喔！**」

這是媽祖婆出巡任務的宣告，也是對所有轎班、工作人員的精神喊話，由朝天宮的董事長蔡咏鍀親自主持。當廟門一開，外觀為獨特六角型的祖媽轎自帶聖光出現在信眾眼前。

朝天宮共有六頂媽祖轎，由六媽開始，五媽、四媽、三媽、二媽依序出發，祖媽押後，其中粉絲們的目光焦點是重達三百多斤的祖媽轎。祖媽轎巡境至今已是第三代，價值數十元寶製作的第一代祖媽轎自一九一二年使用了五十餘年，在日治時期曾經參加過萬國博覽會，渡海至日本展出。第二代祖媽轎接班後，走過近一甲子，於二〇一九年退役，現由第三代祖

媽轎接棒服役。

退役的祖媽轎並不會被丟棄，而是被廟方細心保存下來，來到朝天宮朝聖時，不妨花點時間至後方的文史館，一睹前面兩頂曾經載著林小姐巡迴各地的祖媽轎。

信徒跟著女神走，女神跟著燈籠走

每年朝天宮遶境，走在隊伍最前方的是由北港當地鋪戶、商行的值年正爐主所組成的團隊。依照傳統慣例，他們每人須手持一對屬於自己的燈籠，通常遶境時，爐主會跟著自己的爐主燈走。

然而，爐主們作為林小姐粉絲後援會的領頭組織，往往一人身兼多職，或是得擔任扛轎人員，或是得跟隨藝閣車或炮贊，往往分身乏術，無法顧及爐主燈。

因此北港商戶在遶境前，會先將燈籠拿到朝天宮，請廟方協調、安排人員組織領頭的燈籠隊。這個細節展現北港人在媽祖遶境時，一人分飾多角，任務繁多越忙越顯重要的情況；另一方面也呈現亂中有序，彰顯了多年慣例形成的緊密強大結合。

許多當地有幸參與的鄉親，每每講起媽祖遶境，眼神間便閃耀著某種激昂的情感。由於北港媽祖追星族眾多，人人都想要迎媽祖回家，為了解決信徒的困擾，因此各個商會、鋪戶決定自組團體，向朝天宮分靈媽祖，並在每一年擲出當年爐主。一個轎班會通常有三四百個人，商會人數也不少，若用輪流的方式，即便一任爐主任期一年，三百人就需要至少三百年，是三輩子也輪不到的時間，因此產生「三代人擲不到一次爐主」的當地俗諺。

懸掛在朝天宮的一盞盞彩繪紙燈籠，映襯著冉冉上升的香煙，除了點燈照明與裝飾功能之外，也象徵著爐主的輪替。

遶境過程中隨行的大小燈籠們，有著不同用處和意義：轎班最前面的大燈籠是爐主燈，用來引導隊伍前進；神轎旁被稱為「轎窗燈」的方形傳統紙燈，在廟會中扮演重要的角色。而且因製作藝師傳承斷層、取得不易，很多廟會已經見不到轎窗燈的蹤影。

你不要那麼專業好不好？御用燈籠點亮百年燈火

在北港，還保留了一家遵循古法製燈的燈籠店——森興燈店。於清同治五年（一八六六年），至今已有一百三十多年歷史，是北港最老字號的燈店。目前的負責人林聰賢是創立人林祥瑞的曾孫，就讀高中時便開始跟著祖父林森、父親林源動學習製作燈籠的手藝。

早在同治年間，森興燈店的製燈手藝在嘉義縣城已是響叮噹，台南府城慕名而來的訂製者絡繹不絕；國民政府來台後，就連高雄三鳳宮迎神賽會的大小燈籠都指定到森興燈店訂製。

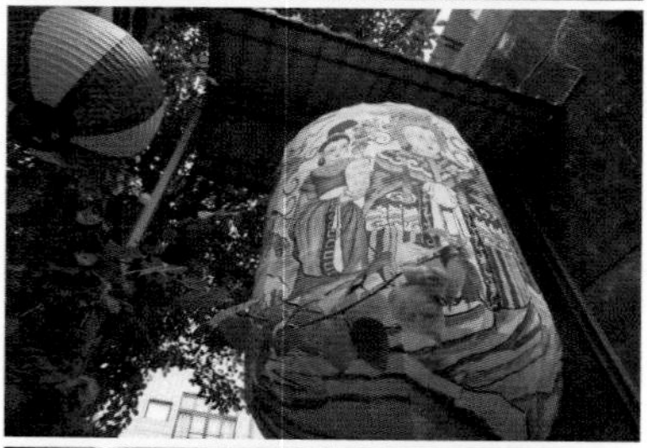

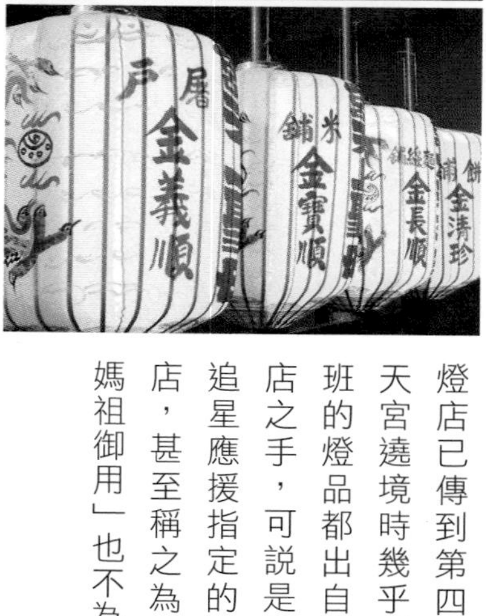

世代相傳，如今老燈店已傳到第四代，朝天宮遶境時幾乎所有轎班的燈品都出自森興燈店之手，可說是林小姐追星應援指定的特約商店，甚至稱之為「北港媽祖御用」也不為過。

哨角若響，林小姐的腳步就近了

除了張燈結綵的視覺工藝，遶境隊伍中不可或缺的還有聽覺上的隨行。國寶級哨角師傅魏幼謙曾為北港朝天宮哨角隊製作多把哨角，是一位既能做農曆七月普度燈，又會做哨角，家中亦有獅頭，可帶獅陣的斜槓創作者。

魏師傅向節目團隊說明，製作不同功用的民俗器具時，有著不同製作的丈量法，若是製作給神明使用的，使用「文公尺」；若是製作給祖先公媽的，則使用「丁蘭尺」。

哨角的製作工法精細，需仰賴熟稔的手藝和經驗。在經手製作超過兩千把哨角的歲月中，魏師傅不僅動手，也能動口吹奏，並致力將高超的演奏技巧傳承給家中晚輩。一般人們以為只能吹奏兩個音的哨角，由高手來吹奏則能夠吹到五個音，不僅需要用盡丹田之力醞釀一股綿長飽足的

氣，同時還要長久練習的吹奏技巧。看著師傅吹奏起親手製作的哨角，高昂轉折的音律，可說是工藝、音樂相容的極致美學展現。

為人熟知的北港震威團擁有魏師傅所做、送給朝天宮紀念的十二支哨角。遶境時，震威團團員必須大鳴哨角、肩負著替林小姐開路的任務。如同古代帝王出巡時，會有哨角隊、大鑼在前，告知附近百姓皇帝即將經過；林小姐巡迴各地時，震威團要負責用哨角聲呼告前方的人們、好兄弟，媽祖婆要來了，盡速走避，靠邊站好，勿阻於路中。

與一般南北管祭拜田都元帥或西秦王爺不同的是，相傳哨角是由軒轅聖帝所冊封的，因此哨角隊以軒轅聖帝作為祖師爺，震威團的其中一尊神明也會跟著北港迓媽祖遶境，確保一路的音律和諧及林小姐的安全。

隨著哨角響起的同時，護送鑾轎的震威團會大力揮舞起飛虎旗，此旗具有類似保護的功能，作為媽祖先鋒官之一的哨角隊，有保衛聖駕的重責大任，換句話說，也比較容易暴露在危險之中，故一路需要揮舞飛虎旗驅邪避凶。

轎窗燈

北港在地人才會知道的秘密——因為轎窗燈是為媽祖照明的工具，信眾相信燈籠在遶境後，具有光明燈的功用，只有當年當選爐主的人才有資格擁有。此外求燈的諧音是「求丁」，早期若有求子願望的婦女會向媽祖求燈回家懸掛，形成特殊風俗。現多作為裝飾用，許多地區的媽祖隊伍已不見轎窗燈，北港尚保存此一傳統。此外，北港媽祖的燈籠上寫著「天下聖母，闔省平安」不同於其他媽祖燈籠的「合境平安」，亦為一大特色。

點燃鞭炮，煙硝中的信仰火光

施放鞭炮的劈里啪啦聲，是台灣廟會定番的背景音樂，在煙硝味中看見信仰的願望如火光和煙霧上騰到天聽。成堆成綑從屋舍、貨車中搬出的鞭炮、煙火，是每一位林小姐後援會的信徒，攢了一整年的積蓄所預備的應援品，為一年一度的盛會點燃堅定的信仰火光。

遶境，「遶」有走圈子、彎曲而前之意；「境」則是指一神祇所管轄的地方，也就是該神安座之廟宇的神力可以觸及的範圍。當宗教隊伍在其廟宇和信仰範圍內出巡時，稱之為「遶境」，也可稱為「巡境」。

北港朝天宮迎媽祖的信仰禮俗，在二〇〇八年七月十一日被指定為「台灣文化資產」民俗類，北港媽祖遶境的轎子共有六頂，分別乘坐六媽、五媽、四媽、三媽、二媽、祖媽六位媽祖；虎爺神轎則會排列於媽祖鑾轎前方，當見到虎爺神轎出現時，信徒會燒熱犁頭前的鐵片用以點燃鞭炮，並從四個方向丟到轎底來迎接，象徵事業「越炸越發」，成為北港獨特的「犁炮」文化。

犁炮炸轎時，炮火瘋狂的程度可與台東炸寒單爺及鹽水蜂炮相比擬，並稱為「台灣三大炮」。北港虎爺吃炮聞名全台，所以只要看到北港虎爺出現，內行人就知道要趕緊走避或是抓好穿緊防護裝備，因為接著將是一陣無差別的狂轟猛炸，保證讓人犁炮吃到飽。

在北港的商家之間，流傳著一句俗語：「鞭炮放越多，生意做越大。」雖然單盒鞭炮的價格並不高，但累積起來仍為不小的數目，藉由施放大量的鞭炮為林小姐應援的同時，也另類展現商家各自的財力，使這場遶境盛典，無形中成為粉絲之間人氣、聲勢比拼的擂台。

全鎮動起來的北港迓媽祖，在地信仰與居民緊密地結合，難怪北港居民會如此地看重三月十九、二十的到來，無需行事曆的輔助，迎媽祖這兩天早已與生俱來內建的時間表，深植在所有北港人腦海中。

沒在怕的！北港囝仔施放犁炮快狠準

拍攝台灣三大炮之一的北港犁炮，是《寶島神很大》節目外景團隊一大考驗。當螢幕前的觀眾看著節目主持人吃炮，與此同時，整組的攝影師、編導企劃等人，也在煙霧瀰漫中接受鞭炮的洗禮。鏡頭前的主持人因為炮竹不斷閃躲尖叫，後面的攝影團隊則是咬緊牙關堅守吃炮搖滾區，即便炮聲猛烈，也不能讓攝影機有絲毫的損傷與退縮。

轟隆隆的鞭炮在耳邊恣意炸裂，幾乎讓人捱不住地耳鳴一波一波襲擊而來，此刻讓人更

加佩服這些身經百戰的轎班人員，他們不但不閃躲，反而更加簇擁往前熱情參與，一般轎班的裝備是身穿戰甲（也就是轎班衫）、肩披用以遮眼口鼻、保護脖子的毛巾，再套上硬挺不怕炸的牛仔褲。

參與遶境的北港人在吃炮時，多會輕裝上陣，原以為這些信眾是為了面子故裝神勇，或是追星情緒過於高昂忘了要多做防護，幾次走訪才明白，所謂「北港囝仔不驚炮」，是從小訓練來的，是對林小姐的虔誠體現。

據考察，犁炮並不是在北港迓媽祖最初即有的。「犁炮」之名，源於以農為主的當地人，用以耕田的犁頭鈍掉後，覺得工具丟掉可惜，故嘗試拿來改造用於他處。北港早期生意人多，為了求生意旺，所以人們想辦法讓放炮的速度更快，之後不斷改良，巧妙使用回收的犁頭，將前端的鐵片拆下用火爐烤熱，接著，將鞭炮快速刷過如信眾虔誠的心一般燒得火燙的犁片，再迅速點燃後往神轎下一丟。

犁炮的特色是「快、狠、準」，到了現代，鼓風器可以取代人工扇風，加速空氣流動讓火光燃燒得更旺盛，更能加快鞭炮的燃放。

現在的遶境施放鞭炮主要是為了表達自己的敬意和祈願，但早期施放犁炮也被認為是能治百病的無形萬靈丹。在醫學尚不發達的古早時候，每當發生瘟疫時，當地人就會請神並且放炮；要恭請位階越高的神明，施放的炮就需要越多。從信仰的角度來說，是媽祖顯靈穩定疫情；從科學的角度來看，鞭炮內的硫磺成份有著消毒滅菌效果，也就意外、間接地抑制了瘟疫的傳播。

無論是哪一種解釋，都是透過媽祖等神明巡視地方，才有的好結果，最終神力迴向，受惠者都是殷切期盼神明長佑的百姓們。

北港金垂髫轎班

朝天宮每年在遶境時，金垂髫太子轎班算是駕前先鋒，也可以說是全國最年輕的遶境團隊。團名中的「垂髫」是指小朋友，「金」則是以前的合股單位，簡單解釋，就是類似現今「股份有限公司」的概念。

主祀北港朝天宮太子爺，成立於一九四六年的太子爺會，由北港義勇消防隊成員組成。因為義消在朝天宮設有金燭部販賣金紙，故組成此會。近代較明確的資料顯示，一九九八年，經決議，重新恢復孩子抬轎的舊制，由金垂髫轎班會委員召集國小五年級以上及國中生約一百五十名來抬轎，原則上讓北港鎮各里的小孩都有機會參加，採用分配名額的方式辦理。而且轎子也改用重量較輕的藤骨做成的藤轎，無須特別訓練扛轎，只要在遶境前幾天排演一下即可。既保留了傳統，也有了調整創新，讓男女老少都在遶境大典裡找到自己的角色，更拉近全鎮的距離。

家將好神氣，林小姐專屬護衛隊整裝上陣

「陣頭」源自台灣，是民間祭祀、廟會喜慶常見的民俗之一，近年因為同名電影的上映，使這個原本只在固定信眾族群了解的文化，更為台灣其他民眾所知。

台灣陣頭分為文陣和武陣，文陣是樂隊戲曲表演，武陣是武術或神將裝扮的護衛隊。常見的陣頭有：南北管樂團、哨角團、桃花過渡、牛犁歌等，屬文陣；宋江陣、什家將、八家將、舞龍、舞獅、官將首等屬武陣。

台灣的家將陣頭，是從「台南全台白龍庵家將團」如意增壽堂什家將首先開始，由台南府城傳至雲林、嘉義、高雄、屏東一帶，逐漸傳承演變成為「八家將」。

北港最早的家將陣頭是成立於一九五八年的「聖德堂」，雖然現今聖德堂已幾乎無法出軍，

但在這裡仍可對北港家將陣頭文化略知一二。

在每場家將出陣前，除了費盡心思招募新血外，即便人數足夠了，仍需要難以計數、反覆不斷的練習。畢竟，對家將們來說，每個腳步動作，都是為神祇所起的舞，是宗教上的尊敬虔誠，是文化上的承先啟後。如果有年輕人願意學習，前輩們通常非常樂意教導。

與一般人印象不同的，要成為家將的一員，除了熱情，更要有尊師重道的操守，才能真正地參與其中，藉由師徒制的團體力量，陣頭得以維護自身尊嚴。

平日練習時間，當新手反覆練習身段的腳步動作時，被稱為「老班」的前輩們，除了在旁一一指點外，自己也需同樣盡心複習、調整，不得因為已是前輩就輕忽鬆懈。聖德堂的老班已經將近快十幾年沒出軍，這是因為家將團所需人數眾多，在少子化的社會傳承不易，北港許多有出軍能力的家將團為了培育新一代的家將，使這門傳統不致斷裂，特地湊齊原本的老班底，為新班人員進行考核測驗。新班學生需依據老班的要求，跳出指定的腳步動作，並與老班對跳。藉由此方式，同時進行經驗傳授和動作考核。

練習家將與練武術無異，馬步半蹲的穩定程度，直接影響了動作的俐落度和力量感，基本功穩扎穩打是家將的核心要求，而後帥氣的腳步換移是隨加而上的華麗點綴。每次家將出軍前，務必力求動作的確實和熟稔，否則正式上場時，馬步踏腳沒有踩好，旋身一個踉蹌，到時場面既不好看，也是對神明的大不敬，這是極重榮譽和崇敬的家將班，難以容忍的重大失誤。

遶境，是家將最終驗收的時刻，護衛主神出巡亦稱「出軍」，可見其慎重與嚴肅。在家將出陣前，眾人表情嚴肅、戰戰兢兢，反覆確認出陣的每個細節。開好臉譜的家將或是靜心等待，或是再三核對各個事項。

開完臉，他們即成為神的代理人，他們的姿態神情，已擺脫俗世的自己，各個目光炯炯有神，鬥志高昂。在旁的護駕人員則把家將符和家將餅一一掛至家將身上，如神明出征一般，需要一些可以自保的工具和乾糧，有備無患，確保出陣一路上順遂暢通。

出巡時，家將賣力踏跳於遶境隊伍中，沿路可見許多信眾跟護駕人員索取家將符回家張貼，或索討家將餅帶回去給小孩吃，無非希望這些來自神明代言人的聖物，可以庇佑家裡平安順利。

為了讓信眾可以如願索取，但同時考量家將們出軍路上不至於「缺糧」，參與的陣頭團體多會細心準備較多份量，沿路發送給索取者，慷慨如媽祖婆，必定希望自己能保佑所有粉絲。原本作為家將自保的護身符與存糧，演變成了林小姐與粉絲之間聯繫

情感的「反應援小物」。

正氣巍峨的家將身影在炮竹響天中，熟練踏跳著步伐，轉身，蹲低，站起，抬手，踢腿，幻移在煙霧之中，扮演遶境旅途上，林小姐不可或缺的專屬護衛隊，展現出家將好威風、媽祖好神氣的出巡氣勢。

神仙也瘋狂，全台最早cosplay

真人藝閣車是北港迓媽祖的一大亮點，一般由孩童穿著古裝、扮演民間故事角色，乘坐於布置精美的藝閣車上。其引入，據考究可回溯至清朝康熙年，由信徒從福建泉州、廈門等地引進台灣，至今約有三百年的歷史。

台灣在清代出現以真人馬匹扮演的「馬前閣」，場面十分浩大。而與交通發展沿革類似，最早的藝閣是由人扛著，後來改用人力手拉，中間也曾使用過牛車，一九七〇年以後逐漸開始使用電動三輪車、傳統電動車，到二〇〇〇年以後使用大型卡車改裝至今。

藝閣傳播科技及媒體影響尚未蓬勃發展的年代，沒有電視、網路，除了學校與家庭，寺廟建物上的「水車堵」經常刻畫忠孝節義故事，亦帶有教化功能，提供許多經濟條件不好的孩子學習的機會。而水車堵的內容移植到藝閣車上，藝閣車也就成為具有相同功能的行動教

室了。

真人演出的藝閣車，目前以北港的規模最為完備，因此有不少信眾遠道而來，就是為了一睹藝閣車遶境的熱鬧場面。

藝閣在北港特別盛行，乃因舊時古笨港商旅雲集、經濟繁榮，郊行、鋪會等商業團體興盛，並且熱衷贊助藝閣團體。俗語說：「輸人不輸陣。」這些商業團體或為回饋鄉里，或為了面子而互相較勁，不惜成本砸重金，使得藝閣外觀做工更為雕琢精緻，除了為媽祖遶境壯大聲勢，也讓藝閣的藝術展現更加多元華麗。

對參與遶境的信眾來說，這場盛會是為媽祖娘娘聖誕而舉辦的慶典，必須用最隆重、盛大的方式來讓林小姐開心，因此選用真人扮裝的方式進行，便是代表信徒全身完整投入，親自參與其中，用整個人的力量來為林小姐慶生。

時至今日，大抵在藝閣車上扮演人物的，均為十四歲以下的兒童或青少年，遴選時分為兩個基本條件：第一體重不能太重，第二是家中沒有喪事，盡量讓各鄉里有意願參與的人都有公平獲選的機會。

藝閣匠師顏三泰老師與我們分享，曾有位北港的小妹妹自從報名成為藝閣車成員之後，便常常抱著期待又好奇的心情，到工作室旁觀製作過程；在她親身觀看藝閣車成形的過程中，不僅理解了工匠的用心，也了解藝閣車的傳承是文化和民俗之間的傳統之光，拉近了自己與家族、鄉土的情感，也為自己即將登上藝閣車而倍感驕傲。

直到遶境當天，親朋好友以驕傲及守護的心情一同參與，隨著喧囂的鑼鼓炮竹，散漫在空氣的煙硝，襯著氤氳煙氣和燈火，藝閣車乘載著信徒的信仰力量，光榮且閃耀地穿越北港這座不夜之城。

北港人小過年，南北巡凝聚小鎮生命力

以往較為人熟知的北港迓媽祖活動，大都聚焦在陣頭表演、虎爺吃炮、真人藝閣車。熱鬧迎神之際，北港迓媽祖往南方前進，走進鄉間小路看顧信徒。

朝天宮遶境的路線之所以分作南北巡，有說法認為古時笨港地區，範圍包含了現今北港以及北港溪以南的地區（現嘉義縣新港鄉）。北巡路線從北港鬧區出發，往北擴及俗稱新街的新興開發區；而南巡的地區，就是現今住戶比較少的北港溪南岸。三月十九日早上南巡再返回北港鬧區，而二十日則是北巡新街後返回。

當林小姐乘坐的鑾轎走過南北兩區時，不僅象徵了傳統宗教文化的延續，更重要的是看見媽祖透過不同方式，集結整座小鎮的生命力。

遶境路線涵蓋整個古笨港地區可以看出，朝天宮的信仰圈並不拘限於行政區的劃分。而林小姐的影響範圍，更因為現代交通的便捷，更加無遠弗屆。

女神教召令一到，保證準時集合完畢

以農為本的雲林，出外人口比例甚高，北港地區也不例外。然而每當三月一到，無論留在本鄉的居民或是外出的遊子都有共同的目標——為林小姐慶生！林小姐不必登高一呼，四散各地的北港孩子便會自動歸位，準時集合完畢。

如此情感的召喚和牽絆，既是物理性上的「回家」，也是情感上的「落葉歸根」。

對北港人來說，一年一度的迓媽祖，是比農曆春節更重要的節慶。北港人對於林小姐的堅定信仰，體現在堆積如山的鞭炮、雕梁畫棟的藝閣車、家家戶戶無一不細心擺設的鮮花四果，還有設宴擺席宴請遠來親友的盛況，都是全台媽祖活動中少見的場面。

遶境時期，北港各戶門前埕上搭起塑膠棚架，請總鋪師到府辦桌，料理簡單，卻心意滿載，前來參與遶境的人，就算並非北港在地人，也會被邀請加入當地的聚會中，邊品嘗美味，邊聽大家說著各自的媽祖故事。

全鎮總動員、全力準備的賣力汗水，不難看出媽祖信仰對於北港人的重要性，這樣的文化重視及虔誠熱烈的祈願，將眾多工藝師緊緊凝聚，大家感念媽祖婆長年的庇蔭和守護，竭盡所能地以自己的手藝盡一份心意，回饋母親神，這也是回報鄉里，感念神明的謙卑心情。

從宗教活動出發，到凝聚整個北港的集體記憶，這股強大力量，不單是歷史的沉積，也是因為媽祖婆的親手牽起的情分。如今北港媽遶境於鎮郊鄉間小路的畫面，更讓人體會到媽祖婆對信眾的疼惜。

林小姐台灣後援會本部——朝天宮

前面說了這麼多關於林小姐從北港出發，在台大量圈粉的故事，那麼媽祖廟總本山朝天宮是什麼時候在台建立的呢？

相傳康熙三十三年（一六九四年），來自福建湄洲的樹璧和尚，帶著宋代雕塑的軟身媽祖神像來台雲遊，停在笨港一處古井旁休息，遂將媽祖神像暫時安置於古井上，當樹璧和尚要動身離開時，放在井上的媽祖神像卻怎樣也搬不動。經過慎重

請示，得知林小姐欲在此地建廟，此乃朝天宮之前身，而媽祖婆的這一指點停留，時光流轉，已過三百多年。

據說現今朝天宮鎮殿媽祖正下方，即為當年樹璧和尚初放媽祖神像之古井所在。也因為是樹璧和尚的因緣，此後朝天宮一直都由僧侶擔任住持，保有全台媽祖廟少數以佛教進行祭祀儀典的傳統。

關於朝天宮歷史，樹璧禪師是最為人所知的人物，但朝天宮文化組長紀仁智表示，當年佛教臨濟宗第三十四代僧樹壁禪師恭請湄洲祖廟「朝天閣」媽祖神像入居笨港，而後建築了今天的北港朝天宮，但是所有相關文獻上均未有畫作記錄樹壁禪師的尊容，朝天宮現存文物中只有塑像及蓮座。

為了彌補這個遺憾，出生北港的畫家劉建志歷經數年考證及繪製，克服各種困難，終於完成相當難得的樹壁禪師畫像供後人瞻仰。

哈日不稀奇，哈台追媽祖才夠潮

朝天宮建廟三百餘年，歷經清領、日治到民國。從相關的歷史紀錄可得知，日治時期的政府為了同化台灣人，讓台灣人在思想上進一步認同日本為母國，規劃施行了許多政策，其中對於宗教也多有限制，不僅禁止人民舉辦慶典，甚至打壓部分廟宇的活動。

即便面對當時日本政府對於宗教所施的壓力，北港林小姐卻有個很了不起的紀錄。每年農曆三月媽祖聖誕時，各地的信徒只要前來朝天宮進香，均會搭乘當時的小火車，單單三月一個月就幫北港糖廠站的火車營運量增加了將近百分之十！如此驚人的營運量，使日本政府轉為重視朝天宮的慶典活動，甚至在一張日治時期的地圖上將雲嘉一帶寫上了「北港媽祖宮」字樣。

因為北港迎媽祖所影響的社會層面又深又廣，不易動搖，日本政府也就未強加禁止或管制，以免引起民眾更大的抗日反感。政府與民間在政策上的微妙默契，讓朝天宮在日治時代的迓媽祖活動順利進行下去，日益壯大的迓媽祖活動，更讓朝天宮被冠上「媽祖總本山」的稱呼。

本山，是日本佛教用語，指於特定佛教宗派內，被賦予特別地位的寺院，等同為該宗派的大本營或根據地。

《台灣日日新報》

一九三五年四月十四日第三版這麼寫著：

全島媽祖婆の總本山とも云ふべき北港媽祖廟……。

被稱為全島媽祖婆總本山的北港媽祖廟……。

由這則報紙上的刊載，可多少窺見日本政府非常重視朝天宮。另值得一提的是，一般在稱呼開基的神明時，習慣在前面加上「大」字，像是大上帝、二上帝、大媽，但在朝天宮，沒有任何一尊神明被冠上大字，而在清康熙年間由樹壁禪師所迎請來笨港的軟身神像則尊稱為「祖媽」，其地位之尊崇不言而喻。

時代在走，朝天宮的變與不變

從北港犁炮到真人藝閣車，從哨角響起到點亮朝天宮的彩繪燈籠，隨著實際參與體驗，可以真切感受到北港迓媽祖這場走過世紀交界的活動震撼力，走一趟北港迓媽祖，不僅可以體驗古時體恤人民準備時間的起馬炮儀式，也能感受媽祖堅持遶境舊笨港腹地、看顧各地信眾的信念。

隨著時代遷移，朝天宮創新求變替林小姐設計了許多潮文創商品，也更換了林小姐使用近一甲子的鑾轎，在在說明了朝天宮並非守舊一成不變，而是能隨著時代和信眾需要彈性調整的媽祖廟。這是宗教關懷土地蒼生的善良，更能讓信徒從中感受到滿滿的，來自母親神的眷祐。

林小姐大本營，台灣媽祖總本山—北港媽

跟著神轎走，挑戰高難度無腳本直播

如同作戰，四面八方訊號匯集到猶如司令部的中控室，決戰以秒計數將最直接的畫面，輻射至全台、乃至世界各地，無遠弗屆直播挑戰的不只是網速，更是每位工作人員的判斷速度……采炮、行轎、傍轎腳，神轎要往哪裡走你以為這些都是ㄙㄟ好的嗎？當然不是，完全不可能！

為了讓無法親自到場的觀眾，可以跳脫時間與空間的限制，參與到廟會的鬧熱，同時提供不僅是現場即時轉播的畫面，更要有如同觀賞節目般的視覺享受。寶島神很大製作團隊在進行各個大型直播節目時，每每都要包上一台遊覽車，從三立電視台位於台北內湖的大本營，一路奔向全台各地。

通常，觀眾在固定時段看到的一小時節目，就需要「電話訪問—勘景腳本規畫—勘景—腳本撰寫—外景拍攝—節目初剪—旁白標題撰寫—影像後期製作—配樂製作—字幕合成—通知受訪者—播出」這樣縝密且繁複的作業，工作人員來來回回多方確認後，才呈現在螢幕前。然而民俗活動直播卻是「沒有腳本的馬拉松節目」，不知道下一秒會發生什麼事，不能中途喊卡、沒有重新再來一次的機會，同時少則五六小時長則有超過廿小時的紀錄，為觀眾提供猶如新聞台SNG LIVE不間斷的畫面。

因此，每次大直播，都要在廟宇附近找到空間設立可稱為「指揮中心」的中控室，從台北大本營拉出由管理部、資訊部、新媒體部、節目部所組成的跨部門團隊，大隊人馬，總計超過六七十人的團隊，更會就近在各地CALL出「神粉」或「愛台客之友」組成後勤部隊，隨時提供火力支援，以繃緊神經、戰不卸甲的態度面對每一場直播。

節目部是內容產出的核心，將精力放在現場，以兩位主持人、一位攝影、一位企劃的配置，至少兩組分布在每個精采活動的路線上，力求滴水不漏地捕捉人潮中最值得紀錄的一瞬間。讓內行看門道的新聞主播搭配隨時調整的民俗專家學者、廟方代表，在主現場為觀眾一一解說民俗文化知識，訴說各個廟宇與神明、與信徒間不為人知的小故事。這些，僅是畫面上看得到的一小部分。資訊部、新媒體部負責硬體設備的周全、訊號傳輸的穩定，以高科技投入民俗活動，「第一」不是目標；打造「唯一」才是態度！

管理部作為後勤，方方面面成為移動軍團食衣住行的後盾。中控室裡，才是決戰點。就如在戰爭電影中可以看見的，指揮中心被多個monitor環繞，即時監控各路鏡頭擷取最好的畫面、用無線對講機隔空傳呼隨時遙控現場的主持人，切換現場、搭配適合的背景音樂，眼觀不只四面耳聽不只八方。統理著眼前的各個現場，同時還要隨時掌握收音是否良善、轉播的網路速度是否OK，有沒有拍到最好的畫面，提點小編務必即時與線上互動，簡直是三頭六臂恨不得生出幾個分身，不管室外溫度幾度室內是否開啟空調，這裡總是蒸騰著令人腎上腺素激增的緊繃。

因為，事前的場勘僅能得知地理位置，與廟方的會晤可以讓團隊大概知道流程，可以事先準備的是設備，工作團隊務求精良，在活動開始前，將硬體軟體SET（準備）到完善，逐一測試。

然而每場廟會的主角都是與林小姐一樣的神明，每個步驟皆須以神明指示為準，可能提前可能延後。而參與的志工與信徒熱情洋溢，在跟隨著神轎出發的每一刻，都可能發生神與人、人與人之間，令人動容的故事。工作團隊無法掌控，只能在每一個當下隨機應變。

無法剪輯的直播最能點出台灣民俗活動的亮點、最值得關注的故事，並體現團隊合作的能量極限。

朝天宮

2章

走破腳皮也要去，白沙屯媽祖徒步進香

每一步，感受到的是林小姐無私的恩澤與信徒粉絲們的溫暖人情。

長達四百公里，目前全國徒步進香路途最長的白沙屯媽進香，保留了台灣原始的進香文化，單憑一己之力是無法走完全程的！

在徒步行腳的朝聖之旅中，在信徒心中刻劃的，是台灣人奠基在媽祖信仰上的樸實熱情，是林小姐帶來的神蹟感動。

抱著磨破腳皮的決心，跟著林小姐的鑾轎，一起走過白沙屯到北港，感受台灣中西半部的林小姐狂熱！

媽祖軟身渡台，落腳白沙屯

位處苗栗縣通霄鎮西北方的白沙屯，舊名「白沙墩」，因該地北側的過港溪砂石豐富，冬季時強勁東北季風會將砂石吹向河口南岸，大量淡黃色砂石逐漸堆積沙丘，「白沙墩」因此得名。

這個西部縱貫鐵路上的濱海小站，北臨後龍鎮，是通霄一帶屯墾最早的地方。根據記載，約清康熙年間前後開始有移民渡海而來，落腳此地，隨著移民人口日益增加，發展至乾隆時期，漸漸形成有街道市容的熱鬧聚落。

白沙屯媽祖信仰始於乾隆年間，如同台灣其他臨海先墾聚落一樣，依海維生的白沙屯人，移植家鄉的宗教信仰，自然供奉媽祖為守護神，便有先祖奉請一尊軟身媽祖隨移民渡海而來，林小姐自此落腳白沙屯，粉絲日眾。

起初長年由大家輪值當爐主，供奉媽祖於一般民家中。因為沒有正式的參拜地點，一來對於想要禮敬祈求的民眾不便，二來爐主需要時常門戶大開迎接信眾，造成生活上的影響。

於是村民決定集資建廟堂，此後逐漸整修擴建，成為了現今所見的白沙屯拱天宮。因此，正殿宮中供奉的軟身媽祖神像，其歷史比拱天宮更為悠久，集開基媽、鎮殿媽及進香媽三重身分於一身，本地人稱為「大媽」。

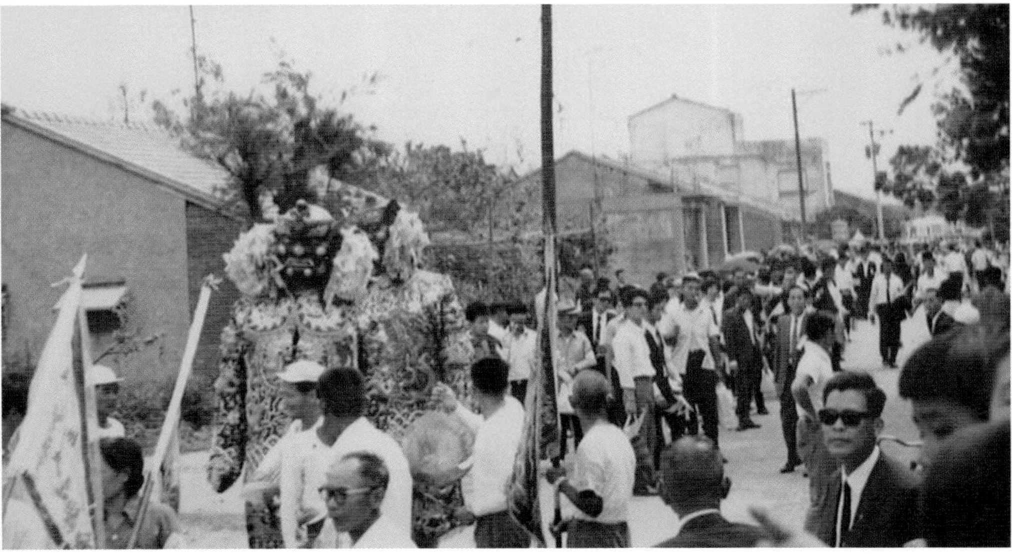

（白沙屯拱天宮珍藏．提供）

慈眉善目的媽祖，不管何時何地都溫柔照拂著祂的信徒。

安座於拱天宮神龕內的白沙屯媽，製工精細，可見工匠對媽祖的神情下足功夫。神像垂簾斂眉，柔和的粉臉有著慈祥神韻，彷佛正仔細傾聽信眾們的心聲。

在不同時間、地點、角度觀看白沙屯媽祖，神像展現出不同的面貌渡化群黎。雖然此尊媽祖像製作的確切年代已難考據，但其神貌姿態不受歲月侵擾，始終精緻令人屏息。

白沙屯媽是尊軟身神像，其身體手腳關節能伸展活動，故可如真人一般穿戴后袍、后冠、弓鞋等。進香起駕前，會由專屬林小姐的梳妝團隊用「秫草水」為祂沐浴淨身，並重新換上信徒所奉獻的新衣新袍。

當林小姐梳妝更衣妥當後，便會將「沐浴聖水」從神龕裡端出，往往吸引信徒們蜂擁上前，只求能沾到這神聖之水，藉此感應林小姐的神威恩澤。

根據鹿港神像雕刻師傅吳清波老師的鑑定，此尊軟身媽祖可能出自官方或唐山名家，由神像的座椅推測，製作時間已逾兩百餘年。

徒步距離最遠的進香之旅
走真的需要勇氣！

白沙屯媽祖的信仰區域大約涵蓋了後龍鎮南港里，通霄鎮的白東里、白西里、內島里，以及新埔里與通灣里的一部分。從廣義來說，白沙屯人就是媽祖的子民，意即整個信仰區的信眾。

白沙屯媽祖徒步進香是拱天宮信眾代代相傳的宗教儀式。此條進香路線，是由信眾們及工作人員組成的隊伍，以徒步方式抬著媽祖神轎跨越苗栗縣、臺中市、彰化縣、雲林縣等地區，橫渡大安溪、大甲溪、大肚溪、濁水溪，前往雲林北港朝天宮進香。

多年來，白沙屯媽祖往來北港進香，朝天宮鑑於彼此深厚的情誼，捐建拱天宮牌樓，於一九九五年十二月九日落成，氣勢磅礴地矗立在台一線旁，成為白沙屯的特色地標，此門雕飾精細、巧奪天工。

拱天宮當家的林小姐共有三位，當「大媽」前往北港進香期間，殿內安座的「黑面二媽」與「粉面三媽」便負起鎮殿的責任，兩尊媽祖神色慈善典雅，造型古樸，若是信徒家中恰遇神明聖誕、結婚等喜事，又或附近宮廟舉辦慶典，都會請媽祖到府作客，希望帶來祝福和好運，同時增添光彩。

特別的是，「大媽」的南巡之旅是攜伴參加的，百年來白沙屯北鄰的山邊聚落所供奉的山邊媽祖，依例乘轎前來，合轎後一同前往北港。

台灣No.1的國家級重要民俗

白沙屯媽祖徒步進香有幾項紀錄，來回近四百公里的距離是目前全國徒步進香路途最遠，並維持近兩百年的歷史，一支頭旗、一頂轎子、兩面銅鑼，保留台灣原始的進香文化。

二〇〇八年苗栗縣提列此宗教進香活動為無形文化資產，登錄理由為「具有一百七十年以上歷史之民俗活動，地方居民參與度高，參與者來自全國各地，被視為當地青年之成年禮，

且尚未被商業、政治所污染。另具有全台路線最遠徒步進香，由媽祖指引日期和路程之獨特性。具登錄為民俗之價值。」

二〇一〇年「白沙屯媽祖進香」被文建會正式認定為國家級無形文化資產「重要民俗」，並描述其民俗特色為「進香的時間大約是在農曆初春，來回約四百公里，維持古樸之常民本色。依據廟方提供的廟志資料顯示，建於清同治二年的白沙屯拱天宮，每年初春便熱鬧準備一年一度的徒步進香活動，已代代相傳百餘年。白沙屯媽祖徒步進香最大的特色是整個進香團行居無定所，一切隨神意，沒有人為安排，因為行走路線不定，充滿新奇，信徒皆深信且始終跟隨。顯示信仰之凝聚力，並形塑白沙屯媽祖信仰獨具的特色。」

如前述無形文化資產登錄理由所載，白沙屯媽祖進香的特色是只有「起駕日」、「刈火日」

準備傍轎底的人群，個個都有想與媽祖訴說的話語。

和「回宮日」三個日期事先決定，連時、分都以擲筊確認。除此之外，沒有固定進香天數或是行程，全憑媽祖旨意、轎夫行轎前進。隨機而動的進香方式，為白沙屯媽祖進香添了幾分神秘色彩。

文化是先民的生活紀錄，後人透過模仿或口頭相傳延續之，並在複製類似的生活模式時，從中感受到群體或社區的認同。隨著時間的堆累和習慣的養成，文化的厚度逐漸加深並內化，直到深刻嵌入生活的隙縫之中。

相較其他媽祖進香，白沙屯媽祖進香的行程、路線沒有那麼多框架制約的限制，完全依賴媽祖婆透過神轎的力量傳導而行進，不過各位林小姐的粉絲不用擔心，基本的儀式禮數並不因此輕忽怠慢，全數做好做滿。

依例出發前三天放頭旗，有著三天「犒軍」，當地信徒在這三天傍晚，均會準備著豐盛供品，插上進香旗，挑擔前往拱天宮參拜，祭祀犒賞預備南下進香的兵馬們；如果是居住較遠的信徒，可以選擇在自家廳堂祭拜，呼請白沙屯媽祖的兵將領受供養，祈求進香一路平安順遂。若是親自參加進香的信眾，則需按古例，連吃三天的全日齋。

前往參與進香之前，為了展現對林小姐的虔誠尊敬，以及保護自己路途平安順利，提早開始訓練腳力和調整身心狀況是每位信徒的必要行程。

甚至有人暫停使用任何交通工具，或是特地繞遠路、每日步行十公里，藉此提升肌力、耐力，都是為了能全程參與進香，陪林小姐走完四百公里長路！

畢竟，這場進香是自己與媽祖婆之間的約定，若因腳力不足而失約，絕對有損作為林小姐狂粉的尊嚴。況且事前無法確定的進香路線，仰賴林小姐沿路的指示，有幾年甚至出現三十六小時急行軍，腳力沒練好可是會追不上轎子呀！這樣就太對不起媽祖了。

除了確保自身體力狀況，參與進香隊伍，更重要的是嚴守禁忌禮節，途中嚴禁觸碰媽祖神轎、頭旗等神聖物品。若是運氣好的話，有機會能親自為林小姐扛轎，也千萬不可擅自妄為而行，仍須遵從轎班人員的指示，以免樂極生悲。

至於進香沿途，與其他遶境活動類似，會有信眾或志工在街邊發送飲水、福食、結緣品等物，享用的同時除了感恩他人的善行付出，也希望信眾們可以酌量領取，不要因為貪心造成浪費，將這趟林小姐伴我行的溫暖感動，繼續延續下去。

走好走滿，香丁腳的遶境承諾

白沙屯媽進香何時開始的正確歷史不可考，有文字紀錄約莫從嘉慶、道光年間開始持續至今。

白沙屯媽祖雖不是分靈自北港朝天宮，但沿襲傳統，從前北港為農業經濟重鎮，全台灣南來北往經商來到北港做生意，因為經濟的因素延伸出宗教信仰，早期白沙屯媽祖就來此刈火進香，一直傳承到現在。

不受現代文化衝擊，白沙屯媽祖徒步進香的參與人數統計不同於其他傳統文化活動，呈現逆勢成長，每年報名進香的人數，逐年激增，加上沒有正式報名隨機加入的人，林小姐神轎所到之處，均是人山人海。

抵達北港之日，北港朝天宮廟埕前一大早就已人滿為患，信眾無一不引頸期盼著白沙屯拱天宮媽祖的來到。

當白沙屯媽祖抵達北港，成千上萬的粉絲自動開出一條道路，讓進香隊伍能順利抵達終點站。轎班人員的身體及行動受到媽祖神力的指引，在進入朝天宮之前，先做三進三退的行禮，萬人齊呼「進喔！進喔！」，整齊劃一、響徹雲霄的呼喊讓所有粉絲的情緒沸騰到最高點，透過影像直播，萬頭鑽動的盛況，跟隨著震動的神轎，更能感受到媽祖信仰的威力。

《寶島神很大》節目團隊隨團跟拍，從朝天宮廟埕龍柱旁的角度望去，可見連綿不斷、進香信眾隨著白沙屯媽祖紛紛湧入廟裡。放眼望去，粉絲成就一片橘色的人海，如同他們對林小姐的狂熱一般，亮眼而閃動。

這群跟著白沙屯媽祖踏過四百公里長路死忠粉絲被稱做「香丁腳」，雖然這個稱號並非白沙屯媽祖進香客專屬，但香客之間很習慣這麼稱呼彼此。

「香丁腳」這名稱的由來，是因為早期的白沙屯進香團成員是由各戶所推派的男丁組成，並多半背著網袋，袋內裝著香旗及換洗的衣服、糧食以及遮雨用的紙傘，還有香旗、香燭紙箔等物，而夜間行進時，為了照明，亦會攜帶燈籠，所以稱為「香丁腳」或「香燈腳」。即便現在男男女女自由參加且已不用網袋盛裝家當，也不需用燈籠照明了，但此稱呼仍傳承了下來。

先別管這個了，你聽過媽祖神轎GPS嗎？

白沙屯媽遶境在時代的演變與進步下保留了徒步進香、人力扛轎的形式，然而，隨著科技的演進，多了很多輔助的工具。

轟動一時的「白沙屯媽祖神轎GPS」，對香丁腳來說便是劃時代的應援神器。由於白沙屯媽祖進香路線不固定的特色，於是虔誠的信徒召集了一群熱血工程師，開發出媽祖GPS定位系統，只要打開手機，隨時可以知道林小姐的位置，方便粉絲們掌握行程。

若是跟丟，除了觀看GPS，也可以利用GPS的APP中的留言板服務，只要加入官方帳號，打開對話框輸入「媽祖在哪裡？」機器人馬上就可以回覆媽祖現在的位置，既便利又人性化，就算攜家帶眷，也可隨時加入隊伍，感受一下媽祖神威的強大影響力。

即便科技為進香行程開出了新的一頁，但為了表示對林小姐的尊重，定位器並不直接放入媽祖神轎，是靠著工作人員輪班背在身上，隨轎行動，確保定位準確。

一路背著沉重的器材徒步而行，同時必須確保自己不被人群推擠到距離神轎太遠之處，擾亂定位準確度，其實是一件吃力又極富挑戰的工作。而辛苦做著這些服務，一方面是為了讓民眾可以隨時掌握到媽祖的行程；另一方面，也是為將有心應援林小姐的人們，一個一個

帶到祂身邊，將媽祖的祝福，傳遞給每位信眾。

香火的保護不能等，香擔組進行神聖任務

白沙屯媽祖進香活動中，「刈火」是最重要的儀式——向媽祖祈求聖火。因此盛裝火源的火缸，當然需要細心準備。

目前在全台的長程徒步進香儀式中，只有白沙屯媽祖還保有傳統「糊火缸」的儀式。為了配合長途跋涉，防止火缸爆裂，每年刈火儀式前，都須將火缸重新用防火土糊過，故此火缸依例會比進香團早一天抵達北港。到達北港後，需先將火缸浸入清水中，將去年所上的防火土溶洗掉，再用北港溪土、以鹽巴溶解清洗加水調合成新的防火土，仔細均勻塗抹於火缸內外，成為保護層，再放置使其自然風乾，等待隔天的刈火儀式。

這個重上防火土的「糊火缸儀式」，一般民眾無法靠近觀看，觸碰火缸的行為亦為嚴重大忌。

當進香團抵達北港，糊火缸儀式也完成後，緊接著翌日即會進行整場進香活動的最高潮——刈火。

刈火儀式由朝天宮的住持法師主持，將朝天宮終年不滅的長明燈引燃金紙到「萬年香火」爐中，誦念經文恭讀文疏祈求媽祖庇佑之後，再用火勺掏引聖火到白沙屯的「火缸」中，隨即送入「香擔」。而後住持法師會在「香擔」貼上封條，將火缸一路引回白沙屯，途中火種不可以熄滅。

這種火苗的遞引，象徵媽祖的萬年香火流傳不絕，而且媽祖的靈力更藉由這一年一度的刈火儀式達到法脈相傳，永不退轉的意義。

刈火的科儀結束後，眾人將白沙屯媽祖、還有山邊媽請上轎，準備啟程回鑾。出廟後，眾人爭相倰轎底、求平安，香丁腳再次踏上路程，往北朝拱天宮方向回鑾的路上走去。

若是香丁腳在進香路上遇到香擔組，千萬不得去碰香擔，以免觸犯火缸的神聖性，那是極不尊重的愚蠢行為。

即便粉絲們都希望可以獲得媽祖的恩澤或沾沾好運，但謹守進香時的相關禁忌和禮節，亦是對林小姐的尊敬，也是對於傳統文化的認同和重視。

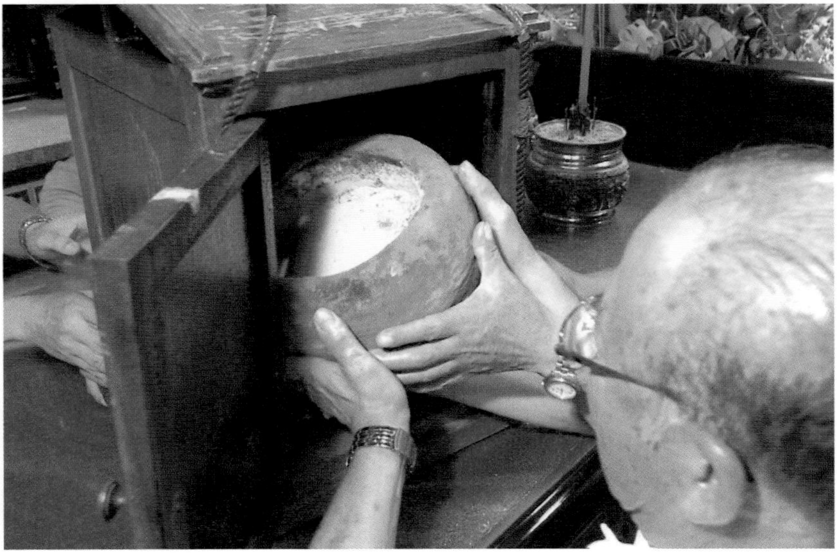

「祢要去哪裡？」媽祖往哪走我們往哪去

拿著GoPro，團隊的每一個人都成為攝影師，可以穿梭在人群中第一時間找到媽祖，捕捉最好的畫面。白沙屯媽祖鑾轎沒有固定的路線，所以不像一般的廟會遶境進香，會有所謂的「路關圖」。每到抉擇方向的十字路口，媽祖鑾轎都會有所靈動，轎班人員藉由「行轎」（或稱「綵轎」）接收林小姐的旨意。

轎班人員向製作團隊解說，「行轎」或「綵轎」（就是轎子產生自然的上下或前後擺動、頓促等）即為媽祖婆透過竹製轎桿傳達旨意給轎班人員。行經路口時，媽祖婆會傳達祂想走哪一條路、或者媽祖婆想處理什麼事情。一切動停、轉彎，都是由媽祖婆親自下達指令。

在鑾轎行進間，常有帶著鮮花請求向媽祖婆換花的虔誠信徒。據傳，如果獲媽祖首肯，將從鑾轎上換下來的花拿回家，就是把媽祖婆的庇佑帶回家中，迎來好運。

跟拍白沙屯媽祖多年的駱大哥指出，白沙屯媽祖回鑾的路程上，經過彰化時，常走進古道小路，特別關心沿路的信徒，傾聽他們的願望，助其消災解厄，甚或處理信徒的疑難雜症。如此貼近信眾身邊的感受，正是為何媽祖婆廣受台灣民眾愛戴尊敬的原因。

一路上，或是默禱尋求安慰幫助，或是簇擁鑽穿轎底祈求庇佑，信眾們因為林小姐細心體貼的停頓或轉身，而獲得祈願的回應，所以困難有了面對的勇氣，傷口有了被撫慰的溫暖，不安有了上天的鼓勵。

回鑾沿路常有信眾熱心準備「飯擔」分享給長途跋涉的香丁腳和工作人員。飯擔在不同地區各有特色，這些提供飯擔大都是由沒有辦法陪著媽祖婆南下去進香，但希望仍能為支持林小姐應援活動的信眾自主準備的，即便是無償義務，提供飯擔的粉絲卻有增無減，有些信眾更是一連提供了多年。

每個人如此做的原因不盡相同，有人是為還願，有人是為向媽祖求平安，唯一相同的是，相較從媽祖那裡得到的恩澤，這一點奉獻，他們視之無物，甘之如飴。

與歡喜提供飯擔的義工們一樣，隨行的香丁腳們都有自己跟隨白沙屯媽祖徒步進香的故事，每一位在他處無私奉獻的人也都有他們與媽祖的特殊際遇，這些故事際遇也許私密幽微，也許驚人不凡，但在那聖俗交流的魔幻時刻，改變許多人的想法和人生，也造就越來越多的人特地放下手邊工作，陪伴白沙屯媽祖到北港進香的盛況。

進香姊妹情，兩位媽祖的百年情誼

共享是純粹的善意，無論是神明對神明；神明對人；人對人。

在物資缺乏的年代，一般人家有時要餵飽全家人都會有困難，即便對媽祖信仰非常虔誠，迫於現實考量，實在很難輕易放下田裡或討海的工作，跟著進香隊伍一次出去個八九天，所以早期能夠出去參與進香的，大都是有錢的大戶，幾個大戶共同集資，村莊裡找尋身強體壯的男丁，有錢的出錢有力的出力，共同促成扛媽祖神轎往北港進香的美事，這樣的合作模式是聯合進香的開端，也是一種資源共享的心態。

已經有百年歷史的「山邊媽祖」，多年來一直與「白沙屯媽祖」聯合往朝天宮進香，因為沒有明確的文獻記載，無從得知這樣聯合進香的模式是從何時開始的，但專家學者推估，至少已經有兩百多年歷史。

聯合進香就像白沙屯與山邊子民的成年禮，對山邊人來說，小孩若獲家長允許參與進香，就表示自己「轉大人」了，是很光榮，值得炫耀的事情。

「山邊媽祖」現在暫以臨時廟的方式供奉，過去尚未有臨時廟時，都是由當年度的值年爐主恭迎回自己家中供奉一年，直到隔年進香回來，重新擲出新爐主，遂換到新爐主家供奉。

這項特殊文化，使各地信徒如要參拜山邊媽祖，就需要到直接到值年爐主家參拜，往來的香客，常使新爐主家中門庭若市，藉此可結識各地媽祖信徒，各地信眾互相交流，進而更加了解各地媽祖慈悲濟世的事蹟，無形中鞏固了信眾彼此信仰的虔誠度。

每年白沙屯媽祖進香出發前，山邊媽祖會從後龍鎮出發前來「合轎」，一同前往北港朝天宮。即便進香路線總是飄忽不定，一頂轎、兩位林小姐，百年來的姊妹情始終熱絡，不曾中斷。

媽祖姊妹的十八相送

當白沙屯媽祖返途回到通霄鎮，沿途信眾，鞭炮，香案恭迎回鑾，但鑾轎不會直接回宮入廟，而是先留在外面一晚，留宿的地點由媽祖婆親自挑選，而最近幾年都選在慈后宮留宿。

說起慈后宮與白沙屯媽祖的淵源，可回顧到當年慈后宮建廟以前。

有一回白沙屯媽祖進香回來，特別親選前往慈后宮現在建廟的位置，為慈后宮慈淨媽祖「踏廟地」（也就是就是為神明找好地理，選擇福地建廟）。此處可看出媽祖婆之間的好感情，無論是共同進香，或是互相幫忙，這樣的情份，也深遠影響了各地的媽祖信眾。

「雖然現場拍攝、特別是沒有行程表的白沙屯媽祖，總是有許多狀況需要處理，但是跟媽祖稟告完我們的企畫後，會神奇地發現最後能拍到的畫面，竟然有七八成，這算是我們不可思議的體驗。」製作人涂嘉文、企劃陳子絨皆曾這麼說著見證奇蹟的時刻。

進到通霄鎮，在外留宿一晚後，隔日即需起駕回宮安座，但在回宮前，還有一項重要任務——換轎。

換轎儀式通常於秋茂園附近廣場舉行，空地上會擺上兩頂大轎，一頂是白沙屯媽祖八人抬大轎，另一頂則是轎簾上寫著「山邊媽」的山邊媽祖轎。

換轎是白沙屯進香的一大特色，為了體恤媽祖婆一路辛勞，舟車勞頓回來，所以在回到拱天宮前，會更換掉沿途所用，較為輕便的四人抬藤轎，請來更舒適的八人抬大轎，恭迎媽祖回家。

而另一邊，一同進香巡迴的山邊媽祖則坐回自己的原轎，兩尊媽祖於此處分別，聯合進香的旅程到此告一段落。

這段分別過程裡，總會有段讓人倍感溫馨的橋段，當神轎起駕後，兩尊媽祖會像兩個難得見面的姊妹淘一般，捨不得分離，上演一段「十八相送」的戲碼。

山邊媽送白沙屯媽回宮後即需離開，而白沙屯媽會回送一程，山邊媽又再返送一程，兩邊鑾轎一來一往進退，常要經過數次這樣的往來，兩尊媽祖才依依不捨地告別彼此。如此高貴神性，卻又如此真誠性情的媽祖婆，在在展現母親神最善解人意，細心體貼的風度。

白沙屯媽祖每年從北港出發回鑾時，神轎前方的帆布都會放下，代表媽祖的靈力不外流，完整的帶回白沙屯。直到回到秋茂園換轎之後，方才接受香丁腳的膜拜。

因為此時是林小姐回鑾後第一次露臉，香丁腳們爭搶膜拜，稱為「搶頭香」；而第一次

露臉，也象徵第一次靈力顯露，依例，會將初迎靈力的機會保留給值年頭香的村落，隨著值年頭香的輪替，各村落每年輪流跪地恭迎，公平獲得媽祖婆的神威照顧。

進啊！進啊！林小姐回來了

當鑾轎熱鬧回到拱天宮前的街道，人潮越聚越緊密，滿滿的信徒層層圍住廟埕，在眾人齊聲喊「進啊！進啊！」聲中，白沙屯媽祖終於返回拱天宮，人們齊心合力將媽祖請回座上，圓滿完成這次的進香活動！

林小姐回宮一安座完成，現場廟方人員隨即會放下神龕前的紅布幔，將神像和進香回來的香擔團團圍住，完全遮掩神像，表示本次進香活動已到此結束。

拱天宮洪文華主委解釋這是拱天宮比較特殊的習慣，如此做法，可讓媽祖把剛進香回來的靈氣分享給拱天宮其餘眾神明，同受進香靈氣的眾神，就能持續保持神力，繼續施展神威庇佑信徒。這段時間約需十二天，每年廟方都固定在進香回來的第十二天舉行開爐儀式。

微微遶境也傾城，二媽獨家演出

大媽結束進香回宮安座後，二媽的遶境活動接力開始。廟埕會進行一項特殊的儀式，白沙屯人稱之為「遊庄」。

儀式舉行的清晨，二媽會坐上華麗莊嚴的八人大轎，由頭家擔任扛抬護衛，報馬仔、頭香燈及陣頭依序出發，共襄盛舉陪同二媽巡歷祭祀圈各聚落，進行一趟「微遶境」之旅。

藉由二媽帶領巡訪本庄、南庄、北庄等村落，各村莊居民因為媽祖的到來，彼此合作交流，無形之中，讓社群意識更加地團結融合。

沿途信徒擺設香案恭迎二媽的到來，即便只是小範圍的遶境，仍可以感受到這個純樸的小漁村對白沙屯媽祖的信仰虔誠。二媽代繞的一路上沒有華麗大陣頭，沒有大排場，而是回歸最原始質樸，是林小姐為白沙屯地區粉絲準備的獨家演出。

待大媽進香回宮十二天期滿，拱天宮依往例，舉行開爐儀式，此時才會打開神房，將團團圍起的紅色簾幔重新掀開，媽祖聖顏再度展現，開爐當日往往吸引成千上萬的民眾前來參拜，整個白沙屯媽祖遶境進香至此告一段落。

你媽祖系？徒步進香的重要意義

民俗專家林茂賢老師為我們進一步説明進香儀式的重要性：宗教的進香遶境儀式在傳統社會裡有維繫著多元社會發展的信仰功能。

大甲媽祖進香、白沙屯媽祖進香至今仍維持傳統步行方式進行，因為是少數大型徒步儀式，在媒體報導和信眾之間的口耳相傳，除了吸引了一般大眾的關注，也成為台灣民間信仰文化的代表，影響台灣寺廟的進香儀式。二〇〇〇年以後，台灣社會開始再次出現徒步進香的風潮。

究竟為何還要維持徒步進香呢？其原因可以分為很多層面來討論，最被大家認同的是，維持傳統及凝聚信徒的向心力。

民俗會隨著時間變化，在時代變遷結果中，重新再現傳統、尋找傳統意義，是徒步進香常見的目標；此外，徒步進香不但可以鞏固外部信徒的信仰虔誠度，另一方面也可讓廟方內部組織更為緊密。

進香就是這麼樸實無華且充滿神蹟

現在越來越難看到一場進香或者廟會活動堅持保留原始質樸的元素，在各地宗教活動越趨絢麗盛大的風潮之下，白沙屯媽祖進香沒有華麗的陣頭、亦無浮誇排場，每年吸引卻越來越多的信徒加入香丁腳行列。

全程往來四百多公里，得靠徒步完成，信眾的如此精神非常令人感動，也讓人讚嘆信仰的力量真的是潛能無限。主持人香蕉說，「看到媽祖婆終於進到了廟裡，這趟沒有路線的奇幻旅程即將落幕，這一路上看到好多令人動容的畫面，我想這一輩子只要參加過一次白沙屯媽祖進香，這個印象絕對沒有辦法輕易抹滅。」

製作團隊跟著白沙屯媽祖婆走遍了大街小巷，依著靈動前往媽祖指定的方向，沒有路關

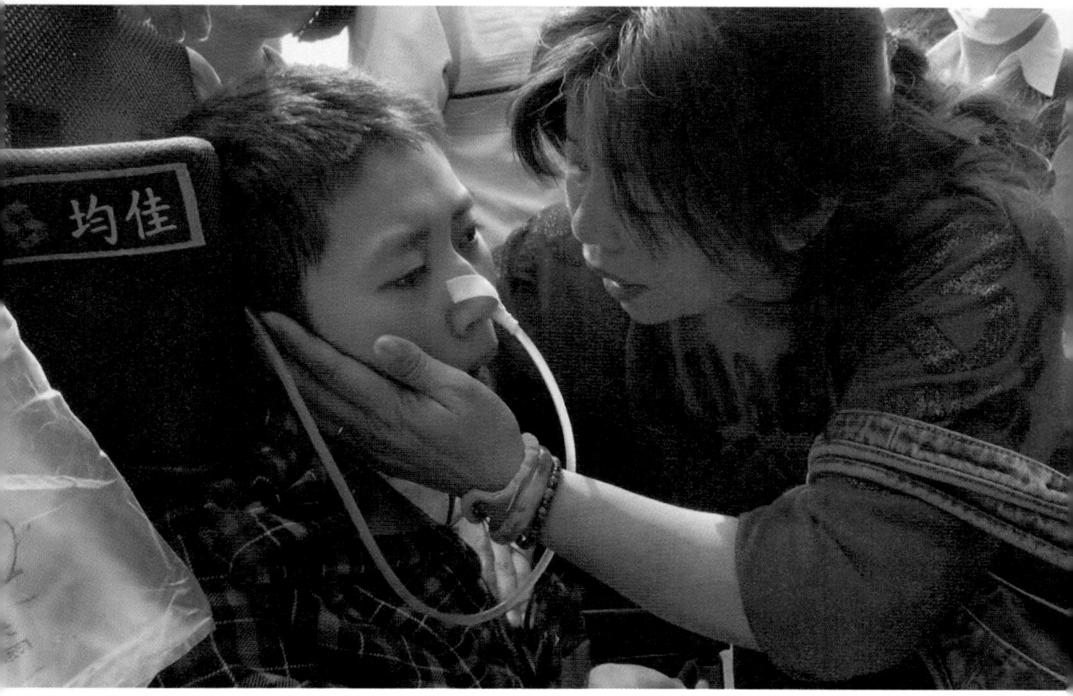
均佳

圖限制路線，每趟行腳各自迥異的歷程，都在林小姐冥冥之中的安排下順利完成，不免讓人嘖嘖稱奇。

畢竟進香期間是固定的，有時看著媽祖的鑾轎在曲折巷道間繞來繞去，心中不免會疑惑：這樣無法掌握的行程，難道不擔心會耽擱了回宮入廟的時間？

神奇的是，無論如何曲折而行，林小姐終能如期回到宮中，不禁令人敬佩起香丁腳們伸縮自如的腳程配速，或疾或徐，總能完美配合林小姐的步伐。

除了時程的奇妙掌握，一路上也看到許多難以用凡人智慧解釋的神蹟奇事。

由於每一年的進香都是眾所矚目，萬般期待，有人期待白沙屯媽為自己解惑或給予協助；有人期待在路上以各種方式回饋媽祖；而香丁腳、工作人員甚至爐主，則是期待著他們堅貞的信仰能為更多人消災解禍，指出一條生活明燈。

參與白沙屯媽祖進香的過程，一路上能感受到非常強大的信仰力量，可以親眼看見媽祖溫柔的母親之姿，回應了無數的信眾殷殷期盼。關於個人的祈禱請求，媽祖或是慈悲地停下腳步，或是折返回頭，幫他們加持，給他們力量。

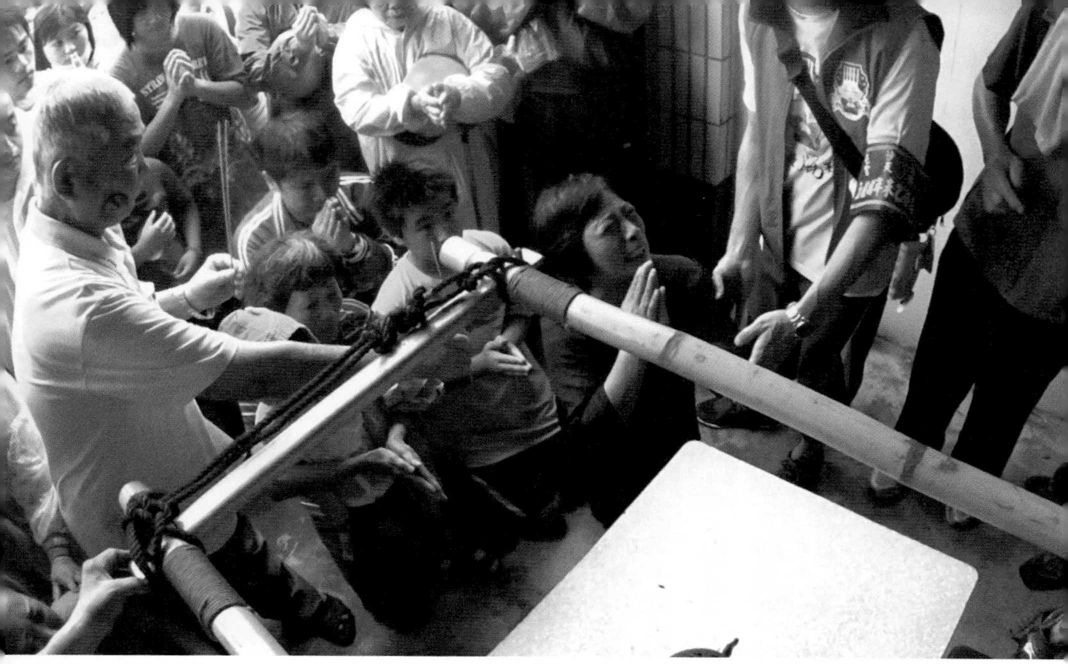

進香途中，常見生病的信徒請求媽祖婆賜福，媽祖受託後，指示鑾轎用轎底或者頭籤，輕輕觸碰患者，就像母親彎身伸手，撫慰自己的孩子，祝福他們早日康復。

或是某戶人家有事求助媽祖婆，明明民宅的門口窄小，鑾轎總是有辦法「過窄門」，順利進入求助的人家，繞了一圈再出來，回應人們虔誠的祈願。更甚者有信徒得知媽祖將至，長跪柏油路上，祈求賜福幫忙。

當人心放下驕傲自尊邪念，純粹的祈願，無所顧忌地將自己交託給最信任的母親神，只要親眼見過，一輩子都難以忘記這樣的感人畫面。

不管神與人或者神與神還是人與人之間的那種特殊的情感，都因為這次的進香更加堅固，也讓人打從心底，由衷感念媽祖婆。

林小姐露一手，及時化險為夷

曾經發生過一件信眾親身經歷的事，某次進香的路程中，有一位隨香小姐，因為不耐久走，突然癲癇發作，撲身倒下，口吐白沫。事情發生時，媽祖鑾轎已走遠，距離事發地點有一段路程，直到對向車道開來了救護車，準備將人緊急送醫，此刻媽祖鑾轎突然急轉回頭，回到救護車後，示意救護人員將後車門打開，鑾轎頭籤進到救護車對患者比劃幾下後，原本昏厥抽蓄的信徒突然醒來，恢復正常，彷彿身體從未發生任何狀況一樣，稍事休息後，隨即跟著白沙屯進香的隊伍繼續踏上未完的旅程。

這類媽祖婆顯露神力，即時救助消災的事蹟，相傳於每年隨行的香客之中。

粉絲們跟隨白沙屯媽祖鑾轎從白天走到黑夜，晚上駐駕時，眾人圍聚在媽祖婆的鑾轎四周，感覺既安心又充實。雖然路途遙遠，但一路上追隨著媽祖婆，身邊又伴著各方同心的香丁腳，所有的辛勞都因共同為林小姐應援而煙消雲散。

看著高貴在上的林小姐，無論透過工作人員，又或親自指示，細心處理著人們所求的大小事，讓人感受到媽祖真的是位事必躬親，有求必應的母親神。

你才信媽祖，你全島都信媽祖！

整場盛大進香，從事前準備到面對現場的各種突發狀況，各方工作人員、廟方組織起龐大的後援會，各司其職，竭盡所能，只為了白沙屯進香可以順利圓滿，盡善盡美。

尤其是正式上路後，人群簇擁的媽祖、神轎、香擔，更是不容有失，每個細節和應變，都因信眾及廟方協力合作，一心一意侍奉媽祖婆的心意而完美完成。

從起初單純的地方村落宗教儀式，直至現在成為全台灣、甚至世界各地信徒們的年度盛事，白沙屯媽與山邊媽的姊妹情誼、神明之間的共享，又或廟宇信徒的聯合進香，即便每個地方的習俗與傳統不一樣，但來到此地，便尊重該地的習俗傳統。

透過進香，人們於此學習分享、了解付出，超越膚色、人種、語言甚至信仰背景，只要專心仰望林小姐，就可以從這趟旅程見證信仰的力量，走一趟反璞歸真的朝聖之旅。

飄忽不定，徒步距離最遠的進香行—白沙屯媽

移動式多機多場景，無法預測的感動瞬間

陪伴林小姐的每一趟旅程，都是腳踏實地跟著香客一步步往前
為暫時或此趟沒有辦法到場的人們提供GPS定位、紀錄，在鑼鼓喧天中彼此感應
起轎前到回鑾後，在民俗盛事的每一分鐘裡，都可以看見——
團隊的工作人員穿梭其間，攝影器材在地面與空中交會
4D無死角地將洶湧人潮中值得一說再說的片段擷取下來
作為歷史的見證，做節目、做直播，也是在寫歷史，寫台灣的歷史

「不好意思借我過一下！不好意思！」看直播的時候，一定會不停地聽到現場工作人員以國台語大聲吶喊著這句話，定睛一看，就會發現畫面中的主持人正試圖從爆滿的人群中以摩西分紅海的姿態，往下一個定點移動，可能是神轎移動速度太快要追不上了，也可能是前方有突發狀況，中控室指揮著前行。

從有線頻道發展到新媒體，《寶島神很大》製作團隊看見民俗領域的相關議題，如何在科技與網路鄉民的互動中勃發興盛，逐漸運用越來越多的工具與觀眾互動，直播便是最即時、同時也是白沙屯拱天宮洪文華主委口中「最真實、最無法造假，同時也最能讓信眾追上媽祖不致跟丟」的現代科技產物。

本來每場廟會、進香的直播，就有層出不窮的挑戰，白沙屯媽祖徒步進香的直播挑戰更是艱鉅，而且這個挑戰還是不能「參詳」的。眾所周知，白沙屯媽祖的路線是由媽祖在每個路口親自指示，對信眾而言，這是媽祖婆對每年不同的、需要由祂親自到場淨化鄉親的神蹟體驗。對節目團隊來說，這就是媽祖婆給的無形考驗，沒人知道祂接下來要怎麼走的時候，那就只能「隊牢牢」，緊跟著神轎不放才是唯一解答。

製作人涂嘉文表示其實白沙屯徒步進香直播內容的呈現，是將人員區分ABC，甚至更多組，而每一組都是一個SNG現場的概念；或是說每一組就是一個外景行腳節目，而白沙屯的直播製作就是同時派好幾組編導、企劃同時進行節目製作，並且將訊號即時傳回中控室，決定現在要上哪個現場的資訊畫面在直播中，或由中控指派任務即時找題材、企劃、編導、拍攝播出。

鏡頭前主持人跟著媽祖鑾轎奔跑時，鏡頭外的攝影師、企劃等人也扛著機器跟著跑，當信眾在等候或休息時，這整組的人馬就在每個值得報導的場所間來回衝刺，直播了六小時，他們就幾乎跑了六小時。偶爾在某個樹下暗處、商店前小椅子上稍作休憩，隨時注意身旁是否有精采的故事、值得訪問的對象；要想盡辦法從人潮中、鞭炮陣中穿過，腿腳抽筋也要繼續前行，就算只剩下主持人自拍也要直播。

那個喘是真的喘，那些眼淚也都是真的哽咽。二〇一八、一九年，連續直播白沙屯媽祖的進香活動，每每都是從起駕之夜的熱身活動就開始，深度探訪白沙屯乃至山邊庄的各項禮俗。節目團隊見證了媽祖婆如何聚集越來越多的信眾跟隨上路，線上直播的在線觀看人數如何一次比一次更多，即便到了深夜一兩點，也還是有熱情鄉民盯著看媽祖婆走到了哪裡，而只要直播開著，背後就是所有工作人員都還在中控室、還在現場的不眠不休。

沒有導演也無法剪輯的路上，走過了喧囂的市區鬧街、安詳寧靜的鄉間田埂，在在映現了台灣島上最真實的日常風景，讓離鄉的人們藉由畫面重新感受台灣的美好，更藉由主持人與鄉親的互動重新感受到台灣淳樸的人情味。送往迎來，既是人間的禮俗，也是人與神、神與神間的互動基礎。於是，我們可以看到極少被播出的，北港朝天宮蔡咏鍀董事長等候在溝皂真武殿的牌樓前，準備迎接白沙屯媽進入北港鎮的地界。

一陣一陣直衝天際的炮陣煙霧，綿延無盡跪在地上的倰轎腳信徒，宣示著媽祖婆的到來；炮陣是當地民眾的虔誠歡迎，跪等媽祖婆庇蔭的信徒則各有各的心裡話要訴說。節目團隊能訪問的人有限，但仍能從其中聽見許多人生百態酸甜苦辣，那麼多的想望最終匯聚在白沙屯媽祖要入朝天宮的時刻，警衛與志工用身體圍出一條可供神轎移動的小徑，擠滿廟埕溢出到輻輳街道的信眾拚命往前想更靠近。比跨年活動還要激昂興奮的現場，一聲聲「進喔！進喔！」響徹雲霄，在三進三退後衝入廟門隨即關上的瞬間，直播現場裡外的群眾，每個人都很激動，許多人不自覺流下眼淚。

當然也包括工作人員，「說不出所以然」、「莫名其妙地起了雞皮疙瘩」，是眾人共同的心聲。在這樣的神奇時刻，直播有了它獨一無二存在的價值與意義。

天上聖母
天上聖母

天上聖母
天上聖母
NIKE

3章

渡海生根，台灣最重要的信仰

媽祖從海上來，在台灣島落地生根，島內各地，信眾遍布。原屬討海人的信仰，林小姐的足跡隨著先民的開墾腳步，從港口到山城，海神不再只眷顧漁民，而成為台灣島民的全能母親神。

高雄林園中芸地區，每十個人就有一人是漁民、靠海吃飯。在此媽祖信仰鼎盛，遂發展出別具特色的慶典活動。

四年一度，鳳芸宮的海巡會香，從高雄林園到台南安平，是台灣媽祖信仰中少數的走海路的宗教盛事。

錯過這次，再等四年的海巡會香

從人類發展的文化脈絡中，可以看見早期人類對於大自然存著敬畏，從太陽神到海神，又或是掌管山林樹木的精靈神祇，世界各民族，大都有著宗教性的文化記憶，而這樣的傳統宗教記憶，代代相傳，經過各時代的轉換或者漸漸遺忘，慢慢形塑成世界各國家民族的獨特文化。

關於大海，西方傳說中有掌管海域的海神波塞頓，東方則相傳有四海龍王、媽祖等海上神祇，各民族透過不同的儀式文化，表達自己對海洋的敬畏。

台灣島四面環海，先民歷史與海洋的關係密不可分。古早缺少科技的輔助，靠天吃飯的討海人，面對變化莫測的汪洋大海更是特別尊敬。漁民們透過祭典或是宗教儀式，祈求航程平安、漁獲豐收，便逐漸形塑各地沿海鄉鎮獨有的海神信仰文化。

在眾多討海人祭天拜海的儀式中，台灣西海岸的高雄林園鳳芸宮有著一項流傳百年、全世界獨有，四年舉辦一次的討海人海神文化祭典——海神媽祖海上巡香。這場巡香也是台灣無形文化的重要資產。

在林園中芸港這個純樸所在，每十個人就有一位是漁民，一年四季所捕撈送出的魚貨占全台產量約百分之二。換句話說，市場中流通買賣的魚，每一百隻就有兩隻魚是來自林園。

大海哺育了林園這個小所在，在未知的汪洋上面對風浪，林小姐即是所有討海人的寄託。對於林園人而言，四年一次的海神媽祖出巡活動是動員全區的大事。

林小姐生日的農曆三月正好是季節洋流轉換之時，巡香祭典為期數天，漁人們無一不放下每日漁產商機，一方面讓海洋可以休息幾天，二來眾人可以全心全意為媽祖婆服務。

巡香期間，所有船隻無論遠洋或近海漁船，全數返回港口、暫停工作，估計影響近千萬的收入。但對當地人來說，錢可以慢慢賺，神明的保佑卻是無價。由此可見林小姐讓人們重視心靈生活，對自然宗教產生的敬意，超越金錢價值，而這或許是宗教信仰最可貴的地方。

行前準備第一步：搏公船

不同於陸路巡香，林小姐搭乘轎子前行即可，海巡時，除了媽祖的鑾轎之外，還需搭乘船隻。四年一度的海上巡香是中芸港的大事，共同參與的神明除了鳳芸宮媽祖之外，還有先鋒官水僊尊王、靈帝殿何府千歲及溫府千歲、鳳芸宮葛府千歲，四位神明。所謂「搏公船」，就是五位神明挑選船隻成為座駕的過程。

因為媽祖婆多展神威，慈悲為懷，常答宿願。根據過往經驗，只要林小姐欽點的漁船，通常該年漁獲就會大豐收，故每次巡海進香之時，各船主爭相參與，希望能博得林小姐青睞，親自為林小姐服務。為了決定船主，遂出現「搏公船」儀式。

由於神明無法直接開口說話，若需了解祂的旨意，就必須透過擲筊來詢問，此一儀式由主

委及鳳芸宮總幹事王偉旭主持，規則與選爐主一樣，皆是聖筊多者中選。

中選的船東，為了表示對神明的歡迎與尊重，會費盡巧思妝點船身。海巡傳統演變至今日，參與海巡的船隻功能有長足的進步，現在海巡船隻多半裝上LED燈，增添林小姐出巡隊伍的耀眼光采。

裝上LED燈的船隻，在黑暗的海面上點綴夜空，遠方眺望，閃閃燈火相連，彷若一條海龍在波浪間緩緩泅泳，非常壯觀。當然，一切布置準備最為重要的是讓林小姐滿意開心，參與的眾人也就心滿意足了。

行前準備第二步：觀水僊王

在出海巡香前一天，有一項重要的儀式，就

是「觀水僊王」——等待水僊尊王先從海上回來。由於尊王與長期鎮守廟殿的媽祖不同，平時泰半在大海上巡視海況，所以對海上的事情，需請水僊尊王來帶路，如果沒有祂的引領，其他的神明都不能輕易出海。

水僊尊王何許人也？水僊尊王在世的時後，即為治水有功的大禹，大禹平定水患，拯救黎明蒼生，使天下太平，後來經由舜的禪讓成為天子，後人感念祂的治水功績，將其奉為水神祭祀。

為求媽祖出海巡香旅程平安順利，需恭請在外的水僊尊王回來帶路。除此之外，水僊尊王也會交代、提點需要特別注意的地方。

在等待水僊尊王回廟期間，現場會有多人一起扛著神轎，不斷左右搖晃。等待的時間並不一定，過程快的話一兩個小時即可等到；慢的話，可能需等待三四小時以上。

至於如何判定尊王是否回到岸上？需看神轎是否有轉動，若轉動了，就代表水僊尊王回來了。轉動時的力道，轎班人員往往難以承擔，轉動一百八十度的就代表神明歸來，而觀水僊王時都會轉上一圈三百六十度，並伴隨前後跑動，大家須齊力護持，才能穩住神轎。

這個等待儀式，顯示神祇之間互相的尊重和合作，無論是宮中的媽祖婆或是海上的水僊尊王，都是信眾的心靈依靠，攜手護祐著蒼生祈願。

鳳芸宮廟方人員伍木坤向製作團隊解釋說明，據廟史記載，位於高雄中芸港港口的鳳芸宮建於一八八六年、光緒年間，當時有一艘廣東省潮州南澳島嶼的貨船來此載貨途中，遭遇風浪擊沉，其中一位船客，奉持媽祖金身，躲過劫難，平安抵達中芸灘頭。

為感謝媽祖的庇佑之恩，這位船客便在當地搭草寮祭祀，早晚焚香膜拜，之後歷經幾次翻修擴建，終成今日巍峨壯觀的鳳芸宮。保佑船客逃過海難的媽祖落腳林園之後，庇佑地方，神蹟顯赫。

又有一傳說版本乃稱貨船遭擊沉後，船毀人散，媽祖金身漂流入港，經三進三出後發金光，中芸港人遂恭迎上岸，供奉入宮。

二次世界大戰期間，美軍空襲台灣，當時許多地方在炮火的轟炸下千瘡百孔，但在鳳芸宮廟後方及附近的中芸海域，卻發現多枚大型的未爆彈！當地居民認為是媽祖顯靈護祐，讓鄰近地區得以不被無情戰火摧毀。

此類林小姐展現神力的奇蹟盛傳在地方鄉里，使得信眾粉絲慕名而來，廣從四面八方前來虔誠膜拜。據說無論問事業、求平安、盼得子，只要誠心而求，多能心想事成。

世界獨有的百年海上香路

鳳芸宮海上巡香的重頭戲，從約莫清晨四五點拉開序幕。每次海巡時間雖不固定，但時辰一至，漁民與當地人信眾齊聚在港口邊，目送前一日已登船並於船上過夜的出巡船隊從中芸港出發，由水僊尊王領頭，途經高雄港，最終目的地是台南安平港。

出巡當天，從出港前一刻開始，便有絢爛的煙火華麗地繪製海岸線與天際的風景。海岸沿線可見許多粉絲施放煙火接駕，響亮的炮竹煙火聲隔著海岸相呼應著，彼此招呼。畢竟海面與陸地遙遙相望，無法用喊叫聲傳遞訊息，於是改使用高空奪目的煙火信號應援，讓船上的林小姐得以了解沿途信眾的誠心。

從安平港口的海岸線眺望，即可看到遠從高雄中芸港出發的船隻，乘載著尊貴的神明緩緩駛向此地，陸地及海面上的煙火炮竹互相照耀，在在預示信徒們已經準備就緒，要前往迎神了。海陸兩方展現萬眾一心的默契，忙前忙後，四處奔走，臉上充滿笑容，就是為了恭迎

林小姐大駕光臨。

當船隻即將抵達安平時，有一場非常別具意義的畫面——海上相迎，安平港的船隻抓準時機出航，迎接遠道而來的林小姐。這樣的迎神傳統，根植於台灣人熱情好客的本性，彷彿遠方親友將至，親自前往村口迎接，表示對於來客的尊重和重視。

早年中芸港漁民討海時，會沿著海岸往北捕撈漁獲，活動範圍約莫到安平港附近一帶，於此處上岸補充物資並販賣漁獲。因為頻繁的往來交通，神明跟兩地的居民的情誼從此開始建立，多年下來感情深厚。

從海巡儀式兩地信眾的相互幫忙，彼此合作，直至港口熱鬧迎神，確實讓人了解到，待神與待人有許多處世道理可相通，是文化倫理傳承不可小覷的重要影響。

海上巡香相較於陸上的廟會活動有很大的不同。通常陸地廟會活動，可以看到數以千計或萬計的人從各地前來參與，遶境路線沿途設有休息站提供信眾休憩、補充能量；信眾可以隨轎行腳、可以倈轎腳，求事解惑，甚至有幸可以扛到鑾轎。

但是海上巡香礙於交通方式，能夠登船出海的人有員額限制，並非所有香客信眾都可以像陸地遶境一般隨時加入，故無法登船的陣頭跟相關人員、隨香信徒，會選擇在海岸沿線觀禮，又或走陸路至安平港殷殷等待媽祖的到來。

海巡船隊的出發時間，也都是由擲筊決定，多半在凌晨時分起行，中午前到達安平港，短短航程，看似轉瞬卻非常不容易，在安平短暫停留後，隨即就要準備回航，多數時間林小姐都是在船上航行的。雖然如此卻不減粉絲熱情，信眾們花費四年時間等待，只求此時此刻能獲得媽祖婆的恩澤庇佑。

高雄港首開放巡香團入港，兩位林小姐喜相迎

林園鳳芸宮海巡進香是台灣國家級的盛事，二〇一七年時，為了接待林小姐大駕光臨，中途停靠的高雄港為此封港一、兩小時，此舉創下高雄港為宗教儀式封港、並迎接巡香團入港的首例。

之所以在高雄港停留，乃因在高雄港內，也有一位守護港口的林小姐準備前來迎接。這尊媽

祖非常特殊，是安座在安檢所裡面，主任委員王文成解釋說明，因為高雄港是台灣重要的商業港口，往來貿易甚多，不管是士農工商要出海前，都會想要跟神明祈求平安，所以安放港口媽在安檢所，也是貼心各路民眾方便參拜。

海巡船隊清晨出發，到達安平後折返，直至晚間近午夜再回到中芸港，前後歷時近二十小時。當船隊返回中芸港時，整個海巡活動也來到最高潮，佈滿LED燈的耀眼船隻劃破原有的黑暗、照亮整個海面。

陸上的信眾即使入夜仍不歇息，不斷施放煙火，炮聲隆隆，整整一個多小時不停歇，盛大程度堪比跨年煙火秀，是整場海巡之旅的壓軸秀。

被煙花照亮夜空的中芸港彷彿成就一座海上不夜城，熱鬧的參拜群眾及喧囂的炮竹煙火聲，將時空凝鍊成歡騰的所在。

百年海上香路，錯過這次等四年一鳳芸媽

暈到失憶也要上，直播經驗值加倍成長

每一場直播都是經驗的積累，就像遊戲打怪般 level up 場控的能力，轉播技術的提升，都是無法複製的自我成長不論是最驚人的陸上遶境，還是最璀璨的海上香路團隊都盡全力地跟著，跟著最純粹的信仰力量前進頂著烈日迎著風浪，將現場的畫面送到全世界，鏡頭外——直播的時候，工作人員各種苦中作樂，但是工作人員不說～

重回最早期的直播，可以追溯至二〇一七年的鳳芸宮海上巡香活動，《寶島神很大》團隊從「觀水偲尊王」這項儀式開始連續兩天駐紮南台灣，跟著媽祖與中芸港虔誠的漁民，搭上船隻開啟直播節目嶄新的一頁。

從「觀水偲尊王」便可一窺直播的困難之處，詳細流程已經在前文提及，從文字和畫面就可以得知，這是一場知道什麼時候開始卻不知道什麼時候結束的挑戰賽。等待水偲尊王降臨的時間，也是考驗著節目團隊的調度功夫，主持人現場的扛神轎體驗、主播與諸多嘉賓的互動、神靈降臨後的奇妙狀況，豐富了內容。無法安排 round down 的時候，中控室的調度就顯得格外重要。

在這場陸海空視覺饗宴中，空拍直升機攝錄了中芸港周邊海岸線之美，那是台灣人最熟悉的漁港風景，也是媽祖信仰的起源；每艘或大或小的漁船上，裝飾著閃爍光芒的LED燈，漁民們用自己的創意表達迎接媽祖的心意。更深一層的觀察是，當時的編導歐陽宜承說道：這些船隻不論規模，就算只是一艘小漁船，裡面都會有一個空間用來當作神龕。每次出海都是面對未知，漁民們用這種方式安定自己的心；這也是林茂賢老師參與直播時所表達的，「不一定平安，但是能心安。」此種獨特的信仰力。

海上香路的重頭戲，就是跟著媽祖出海遶行，有別於一般陸上進香，考驗的是工作團隊的腳力，一上船，要考驗的就是每個人的腦內神經平衡，不習慣的人可能隨著風浪上搖下擺，然後將胃裡的東西清空。企劃范振軒第一次參與直播工作，就是鳳芸宮媽祖的海上之旅，他回憶到當時暈船暈到幾乎完全失憶，但一上船就是要跟到最後，只能咬牙苦撐，好在媽祖有保庇還是有好好完成這次的工作。

當許多人還以為進香就只是鄉下某一間廟宇，在特定時候遶境祈福的小規模活動時，《寶島神很大》製作團隊已經開始用轉播大型活動的概念，設置了總工程師的人力配置，搭配行動網路的技術、4G包的傳輸，乃至於人手一台GoPro，讓整個團隊的戰力提升這樣才能累積越來越多的觀眾，超越傳統電視行業的侷限。鳳芸宮的海上巡香就是一次劃時代、突破性的嘗試。

隨著技術的穩健發展，來到大甲媽文化祭往新港的活動時，考驗的就是如何在人潮最密集的區域，準確跟拍到觀眾期待的鏡頭。白沙屯媽祖徒步進香考驗的則是路線的不確定性，要靠現場工作人員的應變能力，隨時找到林小姐在哪裡，還要調整體力，瞄到值得分享的場景、值得訪問的人物，更要立即停下腳步，迅速抓到重點進行訪談。

針對直播，拱天宮主委洪文華表示，網路傳播的效力驚人，從他十幾年前接任主委跟著進香的只有三千多人，到二〇一九年已經突破五萬人，透過網路傳播甚至還有從澎湖金門來隨香的信眾。而且直播的公信度比傳統電視廣播還要好很多，因為沒辦法做後續剪接修改，直播現場發生什麼事就播什麼事，在廟方與民眾角度去看，是公信力十足的方式。

錯過了，就沒有了，是直播最有趣的地方，就如同有句日文所說的「一期一會」，在直播的時候，每個畫面都是此生僅有的一次相會。

天上聖母

4章

全台粉絲大串連，大甲媽遶境進香九天八夜走起來

「海線！」「鎮瀾宮！」「大甲媽祖！」
一說到大甲，就浮現腦海的三個關鍵字。

串連苗栗、台中到彰化的海岸一帶的海線鐵路，是台灣唯一一段平行段的鐵路，大甲居於其中，是一座人口逾七萬的小鎮。而居於市鎮中心的鎮瀾宮，不僅是地理上的核心，更是大甲的信仰中心。

每到春天，從這座城市出發的國家級盛事——「大甲媽祖文化祭」，吸引數十萬信眾湧入大甲，為期九天八夜的進香遶境，總參與人數可高達兩百萬人！是全台灣最大的遷徙活動，也是「世界三大宗教活動」之一。

媽！我在這！台灣島內最盛大的巡走

從北部前往台中大甲，最便捷的交通方式是搭乘海線火車，沿路窗外風景從都市大樓矗立的水泥叢林，逐漸轉換成低矮的農舍、縱橫阡陌的稻田；越過鐵橋，白波映照湛藍水色的台灣海峽出現眼前。

從踏出火車站的那一刻起，立即進入大甲林小姐的管轄範圍。紅透的大燈籠高高懸掛，指引著旅客、信徒步行至遠近馳名的鎮瀾宮。主殿前的廣場並不特別大，不禁讓人想像遶境啟程的當天，信眾們擠爆現場的盛況！

三立電視台在多年前首開先例，率先在新聞頻道直播大甲媽進香遶境啟程的現場，讓諸多無法親自到場的粉絲，透過電視轉播得以身歷其境，彷若真的參與其中。並且邀請民俗學者解說諸多儀式過程和意義，在鑼鼓喧天的畫面之中加入知識的深度，透過新聞報導及文化教育兩者相互搭配，讓更多人對大甲媽有進一步了解，甚或產生興趣。無論是虔誠信仰或者當作文化學習，關於媽祖婆，有著太多珍貴的事情足以娓娓道來。

隨著西方文化傳入，工商社會蓬勃發展，許多傳統佛道宗教儀式逐漸衰頹凋敝，民間信仰慢慢被忽視，甚至被當作「不入流」，鄉親參與的程度與時遞減，規模一年比一年還小，

直至停止。

即便如此，唯獨林小姐的應援活動逆勢成長，近幾年逐漸年輕化、國際化，成為一種文化認同，走一趟媽祖遶境成為「台灣人此生必做的一件事」。就在這樣的社會氣氛轉變中，《寶島神很大》製作團隊隨著大甲媽走了幾趟遶境之旅，親眼見證了許多感人的故事。

台灣最美的風景是……人情味

「你敢吃陌生人拿給你的食物、飲料嗎？」「你敢跟不認識的人睡在一起嗎？」在冷漠疏離的現代社會，這些疑惑的回答，大概都是否定的。

唯獨在大甲媽步行進香的路上，沒有人會懷疑及畏懼，自然地拿取沿路不知名人士遞上的冷飲、熱食；走累時，就順勢搭上某台陌生隨行車輛稍作休息，又或者就地在途經的路邊、角落，與萍水相逢的其他林小姐粉絲一起補眠歇息。

這些在人情疏離的現代社會看來不可思議的信任與自在，在大甲媽遶境的隊伍中反而是稀疏平常的事。

一趟與大甲媽相伴的行腳之旅，讓我們重新體認人性的善良，再次拉近人與人真誠以待的距離。如此美麗的人文精神和良善感動，是紀錄多次大甲媽進香的節目團隊，最希望分享的台灣驕傲。

走過大甲媽進香之路的企劃陳子絨，總說自己忘不了離開西螺要走進雲林虎尾後，有一段幾乎沒有燈火及民家的小路。

在整片的黑暗中，只有一戶民家窗門透著光亮，成為這段路程上信眾唯一的一座綠洲。該戶不僅提供光源指路、準備飲食休憩，也是大甲媽巡迴之旅中，唯一會駐駕的民宅——虎尾鎮北溪里的「擇元堂」。

這一家人從阿公阿嬤開始，三代皆為大甲媽無私奉獻，為林小姐的粉絲們敞開家門。那座黑暗中綻光的屋子，那家主人暖心提供熱騰騰的素包子與不分你我的親切，將永久駐留香客的心底，恰如媽祖微笑般溫暖。

怎麼可以不愛媽祖？

透過空拍鏡頭紀錄遶境隊伍，跟隨大甲林小姐前行的粉絲人數始終不減，信眾們彼此摩肩擦踵，卻不見擦出火氣，大家保持著極佳的秩序。沿路可見志工們熱情服務，而若問他們為何自願前來服務，志工們同時眾口一聲地說著：為媽祖付出。

除了一般熟知的報馬仔、哨角隊等，大甲媽出門時不可或缺的，就是走於隊伍最前面的「開路鼓轎前吹」，沿街告知信徒：「林小姐來啦！」而如此重要的團隊，其實幾乎是義工組成的，人們自發性地團練、集結，在大甲媽遶境的九天八夜裡，請光特休也在所不惜，全心全意投入大甲林小姐一年一度的盛大應援。

大甲媽的轎前吹團隊並不龐大，整團約為二十人，與動輒兩三百人的其他團隊無法相比，

卻讓人印象深刻。

「轎前吹」顧名思義就是在神轎前吹奏樂器的樂者，分別由三支嗩吶、一面小鼓、一面鑼組成，四人一組於沿途經過各寺廟宮壇，鑾轎停駕、起駕時吹奏，每當哨角吹奏完畢，轎前吹即接替演奏輕快的進行曲，在熱鬧中別有清音。

大甲鎮瀾宮的「轎前吹」與「開路鼓」成立於民國四十五年，前團長黃基隆先生於民國五十一年接棒後，一路支持，於二〇一九年遶境結束後安詳辭世，享年八十五歲；辭世前，雖然年事已高，仍然堅持每年親自參與遶境活動，指揮團內成員、凝聚眾人力量，甚至到大甲地方各處協助嗩吶教學。

透過八十五年次的年輕副團長林保霖與其他成員的訪問內容、肢體動作，我們可以清楚感受到每位團員衷心「為媽祖服務」的想法。然而，這樣的奉獻精神並非一開始投入轎前吹團時就擁有，許多成員表示，一開始參與遶境是因為「身為大甲人不能沒跟過大甲媽！」隨著親自參與，為參加而參加的想法紛紛轉變為「怎麼可以不為媽祖服務呢？」

這樣堪稱戲劇化的心情轉折，促使他們從純粹的隨轎民眾，開始主動在哨角隊、繡旗隊等團隊中，找尋一個能貢獻一己之力、為媽祖服務的機會。這樣的過程，被大家戲稱為「媽祖自己來找人」，在龐大的林小姐後援會中，媽祖總會找

到適合的人，讓每位有意願服務奉獻的人們，尋得最適合的位置。

林小姐都是為你，媽祖恩澤的善循環

每年在進香前後各處奔走的鎮瀾宮副董事長鄭銘坤，分享了許多圍繞在隊伍四周的暖心善舉，人群雜沓的遶境之中，充滿各項繁瑣的細節事宜。每場遶境能夠如期舉辦、順利完成，除了媽祖婆的庇佑，也是眾多大甲媽信徒共同努力的成果。

在節目鏡頭可記錄到的畫面之外，有秩序組協助保障隊伍移動時的安全，讓參與的人車能夠安穩地前行。

除此之外，默默提供服務的志工、信眾，也各自在不同角落，無聲但堅定地盡一己之力，只盼林小姐這趟為期九天八夜的巡迴演出能一路順利，參與信眾都能感受到媽祖慈光的廣澤祝祐。

一年一度的遶境活動讓林小姐可以親臨各地照顧粉絲，除此之外，鎮瀾宮廟方受訪時，不斷強調他們一直致力於回饋地方，例如為學童負擔營養午餐等學雜費，為因變故而無依的孩子開設兒童之家，提供遮風避雨，安身長大之處。

期待這些善舉能為孩子點亮一盞成長的明燈，讓媽祖助人的善意能夠在每一位信眾心中萌芽，有朝一日能綻放回饋，將善意循環傳承。

跟著一直走，只有信徒不怕腳破

執行製作人江政穎這麼說過，「人求的，其實就是平安，就是健康而已。甚至，在徒步遶境的過程中，我們還遇見赤腳的阿公，無所求地跟著媽祖走著。」

依照林小姐親選的時辰，進香隊伍從大甲鎮瀾宮出發。信徒們跟著媽祖的轎子，混著簇擁的人潮，每個人手舉著香、肩上背著大大小小的家當行囊，隊伍不疾不徐邁步南移，亦是莊嚴，亦是激昂地展開九天八夜的旅程。

近年來，大甲媽遶境進香不是中老年人的專利，越來越多年輕人、甚至外國朋友加入行列。這場被譽為「世界三大宗教活動之一」的徒步行程從過去地方性、老氣橫生的隊伍，搖身一變成為年輕、熱鬧且國際化、嘉年華般的奔騰之旅。

當然，這樣的轉變並不表示大甲媽遶境全然地世俗娛樂化，進而失去其中的宗教性及文化性、莊嚴性。相反地，如此轉變，使得林小姐更為貼近普羅大眾，祂所帶來的宗教力量、文化力量更易觸動人心，讓更多人有意願參與。

藉由親自經歷，年輕世代得以認識在台灣土地孕育深厚的媽祖文化與其精神，進一步理解傳統宗教的珍貴內容，並產生將之傳承、延續的心意。

西螺大橋
太平媽祖大家旅途愉快

我不能同意你更多了，走過真的會上癮！

這些年，《寶島神很大》節目團隊隨著大甲媽走了好幾回，同樣的路線卻每每有全新的遭遇與感動。

我們曾在路途中見過滿頭銀髮的老人為子孫健康、闔家平安而邁開步伐，當回到大甲的那天，平日忙於工作的子女帶著孫子出來迎接，家人互擁寒暄的天倫美好；也曾見到帶著學生一起上路的老師，一邊照顧著學生的腳步，一邊沿途解說媽祖遶境的宗教意涵、文化意義，讓年輕學子在讀萬卷書之餘，能真正行萬里路。

與節目團隊相識甚久的民俗專家林茂賢老師，也常常帶著學生們加入遶境行列。他總說，只有經由身歷其境，才能真正理解何謂媽祖文化、什麼是台灣民俗；唯有紮紮實實踩踏九天八夜的步伐，才能深切感受林小姐的慈光魅力以及

台灣這片土地的溫暖脈動。

許多受訪的參與者都說過一樣的話：「參加媽祖進香是會上癮的！」

當元宵節鎮瀾宮擲筊確認該年啟程日期後，許多人就已磨刀霍霍開始規劃行程，安排自己的工作檔期，力求全程參與大甲媽遶境盛事。

因應現代社會的工作型態以及體貼信眾的參與意念，鎮瀾宮除了既定的遶境行程，也協助安排一日、兩日等小旅行、短期體驗，在沿途遶境隊伍行經的車站迎接信眾加入，細心為每位有心隨林小姐走一程的粉絲，找尋最佳的參與方式。這是來自宮廟的善意、是母親神的溫暖胸懷，也是台灣最為自豪的人情味。

台灣島上地表最狂人潮移動一大甲媽

每一步都暖心，以「家」為主旨的百里香路

上萬名隨香的人們蜿蜒成長河，徒步、騎車，找到最適合自己的方式
男女老少每個人用自己的方式跟隨媽祖前進，或者定點支援
涼水、點心、熱騰騰的飲食，一路上隨時作為人們堅強的後盾
眾人各有各的理由與堅持——有看到直播後起心動念趕來參與一小段的，
也有每年都來參加的，是人與神明之間不可言說的秘密，祈願、還願，
或者是單純陪媽祖婆走上一段，直播所能紀錄的便是這些不經修飾的情感

要剪輯成節目，強調的是「起承轉合」，要有高低起伏才能吸引觀眾不拿起手中的遙控器轉台。因此，許多微溫不火的小故事，常常在一開始編寫腳本時就被捨棄，有的太過片段，有的重複性太高，畢竟每個人感受最深的，無不是與自己息息相關的小事。

這時候就可以看到直播的價值，這不只是製作人凃嘉文所說的「主要核心價值是呈現地方民俗的文化特色」，更在LIVE的當下，讓觀眾有更深層、更精神面的體驗。節目就是著重在這樣獨特的台灣文化中，從參與者的動機找尋這件事在他們各自人生的意義，冥冥之中的注定，也發生在工作人員身上。

雖然直播是沒有腳本的節目，沒有太多能喬就先喬好的餘裕，工作人員還是會草擬各項最好能拍攝到的重點環節，做好事前準備後將一切交給上天。玄妙的是，包括前企劃陳子絨、執行製作人江政穎、企劃葉韋成、總監謝岳龍都曾表示，向神明訴說節目流程後，等整個直播結束後會發現，最後拍到的畫面跟之前的預定，幾乎有八九成相符。這，大概就是傳說中的神明有保佑吧。

回到直播的現場，在那個當下，所追求的是鏡頭前觀眾與畫面中受訪者間的共鳴，這就是能敲中人心的故事。節目工作團隊置身第一線，多次親眼目睹媽祖婆的神轎特意停駐在某個真的很需要幫助的人家，為生病的信徒祈福更是行程中每天都能看見的，真的可以體會到，媽祖婆作為台灣人的母親神，用溫暖的母性力量照拂著祂的信徒。

除此之外，節目透過直播捕捉、放送出進香路上溫暖的故事。

我們看見男性上班族特別請假陪著年邁的母親，捨棄交通工具，拿著進香旗與簡單的換洗衣物，緩緩地往神轎前行的方向走，詢問為什麼要長年跟著來走，答案簡單得讓人不可思議，「我們只是祈求家人平安。」就這麼樸實的心願，讓他們即使距離媽祖婆有點遠卻決不放棄，相互扶持的背影，在人群中特別顯眼。在同一條路上，多的是以「家」為主旨寫出的篇章。夫妻、祖孫、父子、母子、兄弟檔不勝其數，甚至還有全家人一起來走的，闔家平安是最常見的心願。

在地的人們則用一種嘉年華會的心情，歡欣鼓舞地準備鞭炮、香案等迎接，就像直播團隊總工程師陳敬昌的觀察，進香的過程很像是以前的台灣人，逢年過節總要回到家鄉去探望父母親友，也是飲水思源的體現。這樣的誠心，最能透過直播感染全世界。

5章

關渡媽祖總是不在家，做客足跡踏遍北台灣

全台灣最忙的林小姐非關渡媽祖莫屬，一年三百六十五天幾乎都在「出公差」，在北台灣各地四處看顧信徒。

傳說中，有個小山城年年迎媽祖卻沒有媽祖廟，此條遶境路線且有「媽祖天堂路」之稱，並創造三大奇觀！讓人不禁好奇，關渡媽出公差的目的地到底在哪裡？讓我們繼續看下去。

整個北台灣都是我的信仰圈

「北有關渡媽，南有北港媽」這句俗諺對於台灣的媽祖信眾們來說就是新手追星指南。（還不認識北港林小姐的讀者請左轉本書第一章！）

話說關渡宮為北台灣古老的媽祖廟之一，據目前文獻記載，建廟於清康熙五十一年，因廟中除媽祖信仰外，也祭拜著古佛，是一座佛教與道教並存的廟宇。

由於關渡宮緊鄰著淡水河口，關渡林小姐也就趁地利之便長年看顧著討海人的安全，成為當地重要的廟宇。裡面供奉著三尊神明，包含開基的大媽、於基隆河岸拾獲的二媽、被稱為「醫生媽」的三媽。

其中，關渡二媽的故事最為人津津樂道。二媽原本是信徒在基隆河邊撿到的，當時信徒將走失的二媽安置供奉在慈生宮，後因慈生宮多次改建，加上二媽神尊較大，因此決定暫時請到關渡宮供奉。當慈生宮修建完工，欲將媽祖婆請回時，媽祖婆卻一試成主顧，指示要留在關渡宮顧海口。關渡宮廟方順應林小姐的指示，將之奉為二媽，與開基大媽一起鎮守關渡宮，並固定於每年正月「回娘家」慈生宮。

二媽坐不住，長年旅外出公差

在台灣，部分宮廟的神明不駐守在宮內，而是長年在外作客，形成一項特別的民俗現象，例如南鯤鯓代天府的王爺信仰、北港朝天宮的媽祖、新營太子宮的太子爺、還有福海宮輔信王公，都常常「出公差」。而關渡宮的二媽也是一尊「外勤繁忙」的神明，幾乎整年都在北台灣各地不同的廟作客。

迎請關渡媽習俗始於清代，傳說二媽曾遭惡火吞噬而金身不壞，因此神威遠播、廣為人知，繼而成為整個北台灣媽祖信仰的指標，更是各地廟宇爭相迎請的對象。

相傳迎請的風氣於日治時期到達鼎盛。日治初期，大稻埕鼠疫猖獗，死傷慘重，居民因此迎請關渡媽來鎮守，疫情竟如奇蹟般逐漸緩和下來，在百姓驚嘆感激之下，帶動起迎請風潮，「業務內容」也不再侷限於維護海上秩序，舉凡作物蟲害、瘟疫、乾旱或外患，都要請林小姐幫忙解決。

就在信徒們一波又一波的迎請之下，關渡媽「出差」範圍越來越廣，包括舊台北城區、瑞芳、士林、新莊、坪林、東北角、北海岸，甚至桃園宜蘭，不僅在海口地區，甚至擴張到其他領域，造就了北台灣的共同信仰。

信眾平時前往關渡宮參拜時所看見的是正殿開基媽祖「大媽」，而常常「公出」的關渡二媽，咦？奇怪！宮裡仍可見二媽倩影！難道是粉絲運氣好，追星有成，難得看到二媽鎮守宮內嗎？其實一般出去接受迎請的都是另外雕刻的媽祖，真正的二媽（簡稱「正二媽」）還是會留在宮中供信徒奉拜。

關渡二媽出差的方式有兩種，一種是固定出差，又稱「年例」，即每年或每N年出巡固定宮廟，如廟方維持固定時間迎請二媽，就可安排入年例。

另一種則是特別報名。只要是不歸算在年例的範圍，都需要向廟方特別報名，視為特例。

若是年例的時間跟特例衝突，關渡宮也有一套完整皆大歡喜的處理方式。由於關渡媽實在太熱門，為了因應眾多宮廟的迎請，廟內的二媽分身多達六、七十尊，通常同一間廟會恭迎同一尊分身，不會年年更換。每一尊二媽祖亦有個別的聖號，像是「福二媽」、「祿二媽」、「壽二媽」等等。

假如依照年例每年農曆一月一日有A廟迎請福二媽，若B宮想在同一日請福二媽，這時候會以每年固定的團體、宮廟優先，也就是A廟，撞期的B宮也無法逼宮，只能改請其他尊媽祖了。

維護北台灣的和平就靠林小姐了！

從古至今，請神尊出巡是一件非常有意義的事情。古時因為交通不便，訊息傳遞不易，各地居民並不是那麼容易互相交流，然而透過神明信仰，舉辦宗教活動，得以拉近了各聚落之間的距離。

古時聚落之間常因陌生而爭吵打鬥，而一年一度的宗教活動，卻能跨越隔閡，增加情感交流，進香形成穩定的一年一會，有助於消弭各聚落的仇恨，展現信仰的力量。

時至今日，科技進步使得資訊傳遞與人際關係維繫產生巨大變革，人們藉由網路得以接收四面八方的訊息，卻也因為手機限縮了視野，人情交流變得制式而冰冷。所幸透過宗教活動，透過對林小姐的共同信仰，讓大家走出虛擬數位的世界，在汗水與煙硝間，重新感受人與人互動的真實溫度。

節目團隊參與慈生宮三百五十週年的慶祝活動，隨著關渡二媽遊北台灣，能於現代化的台北地區看到如此盛大的傳統宗教活動，讓人見證林小姐的神力與魅力跨越時空限制，在北台灣建構了堅定的信仰圈。

朝現代化都市演進的台北，有許多的傳統文化正在改變，有創新亦有顛覆，即便關渡宮的媽祖巡禮與傳統廟會遶境形式有些許不同，但從二媽身上，依然可以見到信眾對於信仰文化的尊重。

活動「現代化」了，但應守的傳統古禮卻沒有被輕率忽視，在這個傳統與現代大力相撞衝擊的時代裡，相信只要世代之間能夠好好溝通，互相尊重，新舊之間的隔閡，能因為眾人懷抱對林小姐的相同信念而化解，媽祖婆神轎所到之處，皆可見新世代與傳統文化的交融。

慈生宮
雨順

太陽餅裡沒太陽，媽祖遶境沒媽祖廟

若提到台灣地區年度媽祖遶境盛事，則不可不提鼎鼎大名的九份媽祖遶境。

其實九份古城是沒有媽祖廟的，究竟為何現在留有媽祖遶境的習俗呢？相傳日治時期，九份山城因煤礦等產業發達，淘金熱潮使得這座小小山城擠進上萬人口，成了熱鬧繁華的地區發展重鎮。

然而，人口成長與建設發展並沒有等比進步，超載的人口使得當地衛生條件低落，不久後，霍亂痢疾等傳染病陸續爆發。曾經三天內就死了五十人，甚至造成九份瑞芳一帶棺材不敷使用的慘況，全城人人自危，哀鴻遍野。

為了平定這場瘟疫，地方人士於是請來風靡北台灣的「關渡媽祖」遶境淨界，說也奇怪，關渡二媽到訪的那天晚上，九份颳起陣陣涼風，此後疫情便開始受到控制，地方逐漸恢復平靜。

九份鄉親為感念關渡媽的「神救援」，於是有了每年迎請關渡二媽來九份遶境的慣例，從此關渡二媽跟九份結下不解之緣。

關渡二媽於每年農曆四月初一到訪九份，原先九份鄉親跟其他地區的林小姐粉絲一樣，利用媽祖誕辰迎請林小姐。但因擔當陣頭的人數跟參與遶境的香客都不敵金瓜石地區，雙方

協調後，九份決定延後遶境時間，與金瓜石錯開，既可避免搶人，雙方人力也能互相支援，創造雙贏局面。

關渡二媽飛天遁地訪九份

節目團隊拍攝廟會的經驗豐富，在九份這座崎嶇山城進行的媽祖遶境，仍帶團隊前所未有的震撼感。

九份遶境號稱有三大奇觀。第一個奇觀為「老街見天日」，因九份潮濕多雨，素有「雨城」之稱，老街上的商家無一不在店門口搭建遮雨棚架，方便遊客行走。雨棚達到遮雨功效，卻也掩蓋了街道、遮蔽了日光，而使九份老街獲得「暗街仔」的稱呼。

不過，到了遶境這一天，為了方便遶境隊伍

中的高大神將直挺挺地走過，老街商家會將遮雨棚架收起，使老街原貌得以重見天日，展現神清氣爽的樣子。所以如果想看看與平常不一樣風景的九份老街，就請務必農曆四月一日前來參與迓媽祖。

第二奇觀乃「媽祖遁地走」，因為九份地勢之故，上下起伏的山路對於扛著神轎、背著大仙尪仔的遶境隊伍而言是極大的挑戰，在尚未有礦坑道之前，隊伍需要徒步攀登山間陡峭的階梯。

在礦坑隧道完成後，即使因坑道狹窄、行走不易，但相較於崎嶇山路，仍較為安全，因此遶境隊伍改以「遁入隧道」的方式前進。陣頭及扛轎等人員需要彎著身子，才能在坑道中緩步前進，護衛林小姐的隊伍順利走完旅程。

二媽能遁地，也能飛天。九份媽祖遶境的第三個奇觀是「扛轎登天梯」，即便部分路段有了隧道可以通行，九份老街仍存在一段無法繞道的高聳天梯。這段樓梯可說是全台媽祖遶境中數一數二難行的路段，即使空手行走也足以讓人氣喘吁吁。

陣頭與轎班的體力與肌耐力將在此時由林小姐親自驗收，或突破窄擠的九份老街，或深蹲彎低穿過礦坑隧道，無論前路多麼艱困難行，也無法阻撓遶境隊伍為神明奉獻的虔心。憑藉的眾人一身遁地飛天的本領，造就了九份媽祖遶境的三大奇景，也讓一路相伴的信徒香客感受到媽祖信仰的強大凝聚力。

千杯千杯再千杯！傳承半世紀的解渴藥草茶

信眾沿路提供冷飲、熱食的善舉總是複製貼上在每一趟遶境路途上，九份也不例外。其中人氣最高的是頌益商號祖傳奉茶，吸引大批香客、工作人員飲用。

每年農曆四月初一的前一周，頌益商號會收到從宜蘭頭城寄來的幾大包草藥，匯款單置於藥草袋中，商號老闆再依金額匯款給藥草店。建立在信賴基礎上的交易方式，是頌益商號與頭城青草店多年來培養出的默契。

這套方法時至今日已傳到第三代，最早可追溯到商號主人陳大哥的祖母那代，因為祖母是礁溪人，特別選用頭城藥草熬製飲品來慶祝九份的媽祖慶典，從日治時代開始的地緣情愫，延續悠遠的人脈關係至今。

這些特別訂購的藥材主要有定青、紅骨蛇、

黑甜根等，混合調配後，洗淨投入大鍋內加熱熬煮，每鍋需熬煮兩個小時，一共十二大鍋。遵循古法的製作時間，在四月初一迎媽祖前二十四小時，爐火必須不滅，才能在遶境時提供新鮮入味的藥草茶。

熬煮藥草茶，無法躁急，一定需要煮至入味，先苦才有甘，才能達到去瘀理氣的功效。如此堅持，也是祖母傳下來的。

陳大哥說，無論是轎班還是參與遶境的信徒，在山徑間爬上爬下都是非常耗費體力的。加上現代人多數缺乏運動，一時半刻無法適應這類耗體能的活動，身體更顯疲憊吃力，祖傳特製配方的藥草茶不僅能解渴，還能理氣。

「奉茶」原先是為了服侍神明，祈求媽祖保佑鄉里、子孫順遂平安，是陳家一年一度的家族大事。而這杯心意飽滿的藥草茶，也能讓林小姐的粉絲們在遶境途中，身心獲得短暫的休息。

參與奉茶的過程中讓人懷想起早期台灣，路邊常可看見擺放奉茶的茶壺或涼水桶，提供往來的旅人或是附近鄰里隨意飲用，是很有人情味的一道風景。隨著交通方式以及社會風氣的改變，奉茶習慣漸漸式微，頌益商號延續三代的奉茶傳統，流露著對土地的深刻感念，讓人感受到不只是對林小姐的虔誠信任，更有一股強大的家族凝聚力，將傳統文化的火光延續下去。

黑瓦之下，獨一無二的媽祖畫

跟著關渡二媽參加飛天遁地的九份一日遊時，請務必抽空參觀當地人引以為傲的創作——媽祖柏油畫。

九份長年多雨，早年居民會在屋頂上面鋪蓋耐久、便宜、易保養的「三好」油毛氈，如在高處放眼望去，可見層層疊疊的黑漆漆屋頂，構成九份獨特的人文地景。

這種俗稱「紙板厝」的屋頂，鋪蓋方法是先在屋頂上釘一層木板，再覆蓋兩層俗稱黑紙的油毛氈，中間以柏油做黏劑。

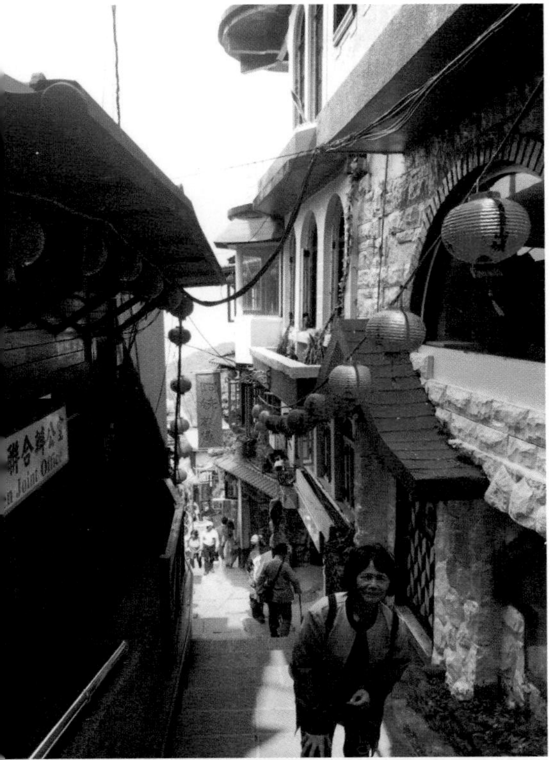

一九七九年的一個午後，畫家邱錫勳在自家附近散步時，居民在屋頂塗上柏油防水的做法，意外讓他產生靈感，有了以柏油來作畫的念頭。

雖然以柏油創作的想法新穎又頗具可行性，不過付諸實際行動後，馬上就遭遇到許多挫折。首先是柏油黏稠的特性難以控制，作為塗料，不好操作於作畫，好不容易費盡心血完成的作品，一經冷卻、凝固後，沒多久就開始龜裂、剝落；又或因室溫升高，造成柏油融化、變形，整張畫作糊成一團，仍是功虧一簣。邱錫勳嘗試多次，始終無法成功保存作品。

幸運的是，邱錫勳的好友郭聰田先生此刻出現，挺身相助。郭聰田為旅美歸國的化工博士，畫家對於顏料的掌握加上化工專家對於材料的了解，在經過多次嘗試和失敗後，他們終於找出解決之道！

剝落、龜裂、遇熱融化，三大難關被一一破解：在煮熱融化柏油時加入塑膠粒，可以增加其附著性，使柏油不易剝落；加入熱融膠，可讓避免柏油龜裂；加入安定劑，凝固後的柏油就不會一遇熱就融化。再透過逐步調整、配製，終於研發出適合用於作畫的柏油顏料。

此後，邱錫勳又因作畫所需，將原本黝黑的柏油以溶劑稀釋，各自調配成不同濃淡的咖啡色澤，增加作畫時的顏色層次；現在，若有需要，邱錫勳也可以化黑白為彩色，直接在柏油上添加油彩顏料上色，突破柏油畫的創作限制，豐富觀眾的視覺享受。

如今，邱老師已是世界知名的柏油畫大師，更是台灣第一位以柏油為素材創作的藝術家。欣賞老師的作品，從中得見揉合水墨、油畫、漫畫等多重畫風，他以柏油畫水墨，巧妙運用柏油的厚度與體積感，具體勾勒出雲之風湧、水之波濤與各種突兀崢嶸的岩石形塊，相較於傳統潑墨山水畫則更顯氣勢磅礡。

除了山水景物，邱錫勳另以柏油繪畫「達摩」、「鍾馗」等人物，透過柏油的特性，更能凸顯粗曠中不失細膩的筆觸，繪出濃眉大眼、靜穆莊嚴的神韻，並將畫中人的思想與禪意表露無遺。

此外，邱錫勳還運用漫畫手法，配合油畫上色來描繪台灣傳統風土人文的景緻，尤其是許多消逝中的行業，如路邊小吃攤、野台歌仔戲等，皆藉由柏油純撲的質感，展現其刻畫入微，濃濃的鄉土情感。

邱老師定居九份已二、三十年，不僅九份歷年的變化躍然畫布，九份迓媽祖獨特的風景亦成為創作題材。以在地人之眼，繪製出屬於家鄉獨樹一格的遶境風景，替九份媽祖遶境更增美事，也將人與斯土緊緊牽引在一起。

北台灣最忙的林小姐一關渡媽

全台灣最可愛，在地人的熱情虔誠

每一次的節目或直播，都是將整個團隊移師當地，與鄉親搏感情事前的取材訪問，事後的求證整理，無一不仰賴地方頭人耆老深入當地更能感受到具有文化厚度的傳統民俗，一直在這塊土地上傳承《寶島神很大》就是這樣一個以人情為本、紮根於土地的節目

「在地人的可愛」是製作節目的過程中，所有工作人員感受最深的。

以節目最常造訪地之一的北港為例，因為實在太常前往勘景與拍攝，不知不覺間與當地人建立起像兄弟的深厚情誼；「阿豐麵線糊」的葉成豐與「老受鴨肉飯」的蔡栢壬，這兩間店家的老闆總是隨時關注團隊動態，在最剛好的時候捎來問候、拍攝的支援，讓團隊如虎添翼，專注於拍攝上。有時是一杯飲料，有時是一餐飯，舟車勞頓之後，這些讓人格外感激。

細數白沙屯媽祖、大甲媽祖等民俗活動，節目監製王萼黛看到的是在地的婆婆媽媽們；這些媽媽力所能及地準備許多東西，分享給大家，這樣的氛圍其實就是台灣人情味的表現。這些阿公阿嬤感人的所在便是熱情，他們沒有特別想從中獲得名利，只是單純地希望為眾人付出，這時就會發現他們才是最深入貼近這塊土地的人。

直播的時候，這樣的人情味更是無時不刻不出現。中控室裡除了有管理部準備的便當，還有廟方人員、當地因節目結緣的友人送來的冷熱飲、各式點心，透過飲食訴說他們的關心。在現場奔跑時，總有民眾會熱情告知哪裡可稍作休息，或者拿來一杯杯手搖飲，搶著塞進主持人與工作人員的手裡，甚至是在與大隊沖散時，還有順風車可以搭乘。每個工作人員都贊同，現代社會中唯有廟會活動、媽祖遶境，我們才敢伸手去拿陌生人給的東西，這項源遠流長的民俗文化活動，至今仍保留著最純樸的信任。

執行製作人江政穎與前企劃陳子絨還特別提到，大甲鎮瀾宮開路鼓轎前吹榮譽團長黃基隆老師，他們從黃團長的身上，看到了在地人的全心奉獻；除了記憶、文化，更傳承技藝六十多年，從寥寥幾支嗩吶開始，一路發展、教導與牽成後輩，這位在地阿公，走完了二〇一九年的大甲媽祖進香，「一輩子跟著走」後才安詳離世。與在地人互動後感同身受，這就是編導李宜霖說的，工作人員同時也是「易受傷的觀察者」，我們進入了現場，就會難免會相互影響。

參與《寶島神很大》的節目製作並不是一件簡單的事情，從廟會與民俗出發，要整合台灣歷史、地理的知識，要熟知地方掌故，更要親自到場參與。然而每個工作人員都在拍攝中獲得出乎意料的收穫，編導葉為誠自己的觀察是，每次的拍攝都讓人增加了心靈力量、讓他相信了神的安排，他也將這點延伸到媽祖遶境活動上，認為這是單純的「陪媽祖走完這條路」的心意。

如果我們沒有親自走出去的話，絕不會感受這麼深刻。所以應該說，節目從不同的層面與方向深入，扣合人與人的內在感受，越來越細緻地探索台灣的每一個鄉鎮。

6章

始終爐一，是彰化人的溫柔：南瑤宮笨港進香

俗話說：「彰化媽蔭外方。」傳說是因為南瑤宮居於地理好風水，加上彰化林小姐神威顯赫，所以粉絲遍布台灣各地。

南瑤宮一年一度為期七天六夜、以笨港為目的地的徒步進香，是維持兩世紀之久的宗教盛事。不同於其他進香活動，南瑤宮起駕出發時即將爐火點燃，維持一路不滅，對林小姐的心始終爐一，成為彰化人的專屬溫柔。

進香途中不乏林小姐神威顯赫的故事，其中最廣為人知的，是「媽祖潦溪」時，林小姐總是溫柔指路，讓進香隊伍得以順利渡河。

有拜有保庇，彰化媽蔭外方

看完飛天遁地的關渡媽祖，讓我們將鏡頭往南移動，來到位於彰化的縣定古蹟南瑤宮，南瑤宮是提到媽祖信仰時，不可不提的重要廟宇。

南瑤宮廟齡約三百年，其建廟時間眾說紛紜，其中較為人熟知的，是相傳在一七二三年（清雍正元年），楊氏自嘉義縣笨港地區來此應募工事（推測可能是做工燒瓦），隨身攜帶媽祖香火袋庇身，楊氏窯工將香火掛在工寮內，每當入夜附近居民就可見到此處散發五彩光芒（另有說為發出宏亮光），認為是神明顯靈，於是地方仕紳便集資雕塑媽祖神像，奉祀在附近的福德廟內。當地居民參拜後，屢稱靈驗，鄉里間口耳相傳，信眾聞風紛紛前來，遂香火日盛。

一七三八年（清乾隆三年）信眾為答謝媽祖婆保佑，正式為林小姐建祠，時稱「媽祖宮」。同年十一月，時任總理的吳佳聲、黃景祺、林君、賴武等人發起募資興建殿宇，雕塑五尊神像，並取彰化縣城南門之「南」與瓦磘庄的諧音雅字「瑤」，「南瑤宮」至此趨於完善。

關於南瑤宮的廟址，有一段「日月鐘」傳說故事。相傳當年清朝皇帝認為台灣的地理風水極佳，擔心會出天子，因此派人來台破壞風水寶地，避免「後患」。

（彰化南瑤宮珍藏．提供）

慈悲看顧中台灣的南瑤宮媽祖。

某日從清朝派任的官員行經南瑤宮一帶，欲察看此地風水，林小姐感應到此人動機不單純，便起了一陣大霧遮蔽住南瑤宮，受到威震的清官害怕觸犯神明，表達自己不會破壞南瑤宮的風水，只求能一探此地，媽祖才退去濃霧。

霧散後的南瑤宮巍峨矗立，官員仔細一查，發現南瑤宮所處的是日月鐘寶地，只要日月天地不滅，日月鐘風水就會一直存在，永久興旺。此一說法，也讓南瑤宮中自此有鼓無鐘，以免鐘聲破壞了寶地風水。

南瑤宮還擁有「美人照鏡穴」，在廟口往八卦山脈望去，可見到十三座山丘，猶如十三支娘傘之說法。

由於彰化媽祖婆神威顯赫，再加上南瑤宮占據彰化的地理好風水，多年以來粉絲信眾遍布台灣各地，而有「彰化媽蔭外方」的說法，南瑤宮也成為台灣媽祖信仰的中心之一。

走過三個世紀的南瑤宮，從其建築即可看到各個時代的歷史痕跡。因曾為國軍駐紮地的廟宇，穿廊拱門上掛著國旗；靠近斜樑一看，上方刻有荷蘭人占據台灣時，外權欺壓百姓的控訴之作，是當時的工藝師藉由雕刻抒發不平情緒留下的。

無論你是否是媽祖的粉絲，一旦走進這座古老廟宇，很難不被其中豐沛的文化遺跡吸引，從建廟故事到相關的神蹟傳說，到充滿於建築間的迷人歷史痕跡，暮鼓晨鐘的敬意油然升起。

一路走來，始終爐一

一般慣例的進香方式，是由出發宮廟帶著火紅或香爐，到欲進香的宮廟從對方香爐舀取香火，再增添足量柴火用香擔封裝後，以龍虎旗掩蓋香擔，再將香擔運回自家宮廟合爐。

南瑤宮的做法卻不一樣。進香活動名為「笨港進香」，是延續古時的用詞，以示感念當年楊姓窯工攜帶笨港媽祖香火至彰化。然而，由於嘉慶年間河水氾濫，將笨港祖廟沖毀於溪中，導致南瑤宮沒有祖廟可舉行謁祖進香儀式，進香隊伍因此改轉往笨港地區的姊妹廟舉行會香儀式，過往，南瑤宮十個媽祖會辦理進香活動，目的地各有不同，有些媽會前往北港朝天宮，有些則選擇新港奉天宮。信眾為表飲水思源之情，故沿用「笨港進香」的名稱。也因

如此，南瑤宮有別於其他宮廟，起駕出發即將爐火點燃，一路不滅的往返進香路程。此「始終爐一」方式，成為南瑤宮進香的重點特色之一。

既然需要保持香火不能熄滅的「始終爐一」，廟方在安排進香準備時，會特別編列香擔保衛隊，在六天五夜的進香過程中，香擔組需二十四小時待命，隨時捍衛香火不滅。

南瑤宮直屬的武館——振興社，是彰化媽的專屬護衛隊，香擔組與鑾轎護衛軍皆由振興社成員組織。振興社草創之初與南部宋江陣目的類似，是為了對抗外侮強權、保衛地方而組織。隨時代演變，卸下保護家園的任務，轉而成為林小姐應援的前線團體。

南瑤宮香擔組還有個傳統，傳說起初建廟時其石姓人家有功，亦有一說是石姓人家發現香火，因此取得林小姐後援會常任理事權，長期負責香擔重責，此乃該姓引以為豪的習俗傳統。

誠如上述，因為南瑤宮的祖廟毀於大水之中，因此進香活動轉至鄰近的北港朝天宮或新港奉天宮，在此舉辦象徵香火延續的「會香」程序。而會香之後，於奉天宮廟口展開「拜頭香」的重要儀式，信徒們相信交香後的香擔滿載神聖的靈氣，只有當年度頭香廟有權利拜頭香，能率先獲得香擔的靈氣與香火。

頭香宮廟陣頭負責參禮恭請媽祖回鑾，並於奉天宮廟口預備，待會香舀火儀式圓滿完成後，香擔一出廟門，頭香宮廟的神轎隨即迅速上前，將頭香神轎緊靠香擔，眾人默契之下，香擔組人員將原本交叉覆蓋於香擔上的龍虎旗打開，扛轎的前四人壓低頭香神轎，後四人齊力將神轎後方墊高，幾秒鐘的時間再快速將龍虎旗蓋回，以免靈氣外露。此刻，頭香廟神轎便獲香擔傳遞的最強靈氣，遂完成拜頭香。

隨著南瑤宮香火日漸鼎盛，地方上便開始傳聞媽祖香擔所到之地會特別獲得庇佑，此傳聞造成笨港進香活動中，常見地方民眾成群來「搶香」，隊伍行程大亂，信眾之間也多有摩擦，為維護進香的安全和現場秩序，根據南瑤宮說法，廟方商請縣衙的衙役加入約成立於嘉慶二十五年（西元一八二〇年）、供奉虎聖將軍的虎仔爺會（又稱聖將軍會），由虎仔爺在進香過程中，沿途負責隊伍安全和秩序。

日治時期，日人認為虎仔爺會成員身懷武藝，極有造反叛亂的可能，想要進行取締，為此，南瑤宮決定送給虎仔爺會一尊媽祖神像，對外宣稱該會是南瑤宮主祀天上聖母的鑾班會。送給虎仔會的媽祖稱為「新大媽」，虎仔爺會此後即更名為「新大媽會」，以會媽的形式，

讓虎仔會逃過被取締解散的命運。

信眾惜命命，楊家林小姐穿新衫妝

早年，南瑤宮感念楊氏窯工從笨港帶來香火之勞，故每年前往笨港進香時，都會到楊氏祖屋拜訪楊氏子孫，楊家感激之餘，深覺擔當不起此份大禮，特請南瑤宮再分靈一尊媽祖神像，以為奉祀並作紀念。

因楊家林小姐是由私人奉祀，僅靠家族之力維持，幾年之後媽祖的神袍逐漸破舊，因此南瑤宮至笨港進香時，會一併把南瑤宮媽祖的新神袍帶到楊家，圍起紅布為祖家媽祖更換新衣，俗稱「換龍袍」。

後來楊家男丁於二戰時期被強徵到南洋當軍夫，子孫斷承，祖家媽祖便遷祀到南港水仙宮（又稱新港水仙宮、笨港水仙宮），一九六二年起，換袍禮也改在水仙宮舉行。二〇〇二年，水仙宮旁興建笨港天后宮，楊家媽祖再次搬家，遷祀到天后宮，尊稱為開台祖家媽，換袍禮也就隨之移地。

時至今日，進香隊伍一路迢迢從彰化至笨港天后宮，多年來始終如一，不忘替楊家林小姐換上新的龍袍。此舉除了是遵循傳統和對信仰尊敬之外，更多的是飲水思源的濃厚感情。

《寶島神很大》團隊一路見證信徒不辭辛勞一路從彰化徒步到北港，還不忘回祖家，使著這趟進香之行，除了宗教上的意義，亦包含珍貴的情感文化意義。

耐操好擋拚第一的媽祖後援會

南瑤宮自清朝開始有進香活動，是台灣最早有歷史記載且最具規模組織的進香團，可謂是「台灣第一進香團」。最初，南瑤宮香火由笨港分香而來，其後彰化信徒便會恭請林小姐到發源地進香，每年由隨駕信徒四十二人，步行往返於彰化、笨港之間。

一八一四年，每年回笨港進香的習俗已施行多年，粉絲們遂倡議成立組織，每人出銀一元，存為公銀，所收利息作為媽祖誕辰活動之用，並推舉一人管理公銀，此為南瑤宮最早的

台灣最大林小姐應援團，十個媽祖會下轄四百五十個小角。

媽祖後援會「老大媽會」。

隨著進香人數逐漸增加，回到笨港進香成為一個人數龐大的活動，各地信徒紛紛成立組織，南瑤宮相關媽祖會組織開枝散葉，擴及台灣中部縣市各鄉鎮，成為台灣信仰組織最龐大的媽祖廟。以老大媽會的成立年代推估笨港進香的起源時間，應該已有兩百餘年的歷史。

目前，南瑤宮的進香事宜由十個媽祖會負責，分別為老大媽、新大媽、老二媽、興二媽、聖三媽、新三媽、老四媽、聖四媽、老五媽、老六媽十個會。媽祖會的成立並不容易，除了要募集當地會員之外，各層級須達一定人數。會下又分大角，大角底下再分小角，成為一個小角至少要有五十個當地會員；要成為大角則需四百人以上。

現有的十個媽祖會下有四百五十個小角，這

些小角遍及台中、彰化、南投等地區，可見彰化媽祖信仰範圍已擴及中台灣。

十個媽祖會除了負責維護進香秩序的新大媽會依慣例不主辦進香事宜，另九個媽祖會分為三組輪流主辦，首輪俗稱「大媽年」或「大媽四」，次年俗稱「二媽年」或「二媽五」，三輪俗稱「三媽年」或「三媽六」，依此輪替。「大媽四愛吃雞，二媽五愛冤家，三媽六愛潦溪」，因應媽祖活動而產生的諺語在彰化一帶流傳。

起初廟方每四年會請示林小姐是否前往笨港進香，若得到否定答案，則隔年再次詢問。隨著交通越來越發達，漸漸改為年年輪替，年年進香。

如今進香活動如果過夜的話，其中會夜宿新港奉天宮和員林廣寧宮。進香的路線會途經笨港天后宮進行「換龍袍」，以及在奉天宮進行會香儀式，再舉行祭頭香活動，最後遶境回南瑤宮。

媽祖也愛long stay，來去信眾家住一晚

媽祖會除了處理進香的相關事宜，還有「過爐」跟「巡角」兩大要責。各個媽祖會都奉有自己的媽祖分尊，稱「會媽」，故媽祖會又稱為「會媽會」，簡稱媽會。

各媽會每年定期由角頭輪流舉辦「過爐」，輪值的角頭稱為「著角」，並以擲筊的方式

從角頭會員中選出一位「爐主」，在選定的日子裡，請南瑤宮媽祖前來遶境並迎前一任爐主的香爐，且需宴請其他角頭的會員，稱「吃會」。

老二媽會下分十個大角，每一年舉辦之過爐都非常令人期待。畢竟相對於遶境，過爐屬個人性質活動，媽祖婆能夠來到自己家鄉作客，是極重要的一件事。尤其因為有十個大角，對當地會員而言，需要等待十年，才有擲筊當爐主的機會；而且媽祖婆這一作客便是一年之久，所以連當地的上帝公乩身也出來接駕，媽會會員對過爐的重視，可見一斑。

而巡角，則是會媽之間重要的交流往來機會。以南瑤宮為例，老二媽會底下的十個大角，分布廣泛，以南投縣為核心，擴及台中、彰化等地。

有鑑於許多會員已經是南瑤宮媽祖的老會員，因為年代久遠，再加上如果只有過爐跟進香活動，其他時間並不往來，難免大家會有些生疏。對於距離遙遠的會員，林小姐的靈蔭似乎也較無法庇護到他們，於是開始舉辦巡角活動，一來由林小姐親自到各地看顧信徒，會員們也可以藉此機會活絡彼此之間的交流。

愛媽祖逗陣來，一代傳一代

媽祖會的運作方式，是以世代傳承方式運作，爸爸傳給孩子，孩子傳給孫子，直至曾孫、

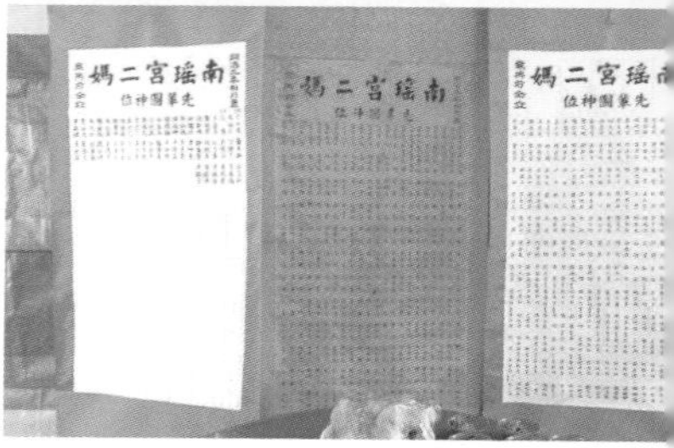

玄孫，一代傳一代，即便也許已過數代人，當年熟識的各家會員隨著時代，後代不甚知悉對方，但配合著巡角、過爐等活動，將會員、信徒們彼此間的關係再次拉緊。

也因為媽祖會的歷史淵遠，因而留下珍貴的民俗文物。如老二媽會非常重要的文物——先輩圖，上面記錄著每位老二媽會的祖先成員，每年農曆三月二十五前，會員即將去年過世的長輩們的名單先整理好，依照第一張原圖的時間順序逐名記寫上去。替媽祖慶壽時，便將這些名單一併稟報老二媽，讓老二媽知道今年新增的先輩們，讓祖先得償宿願，媽祖婆繼續顧祐世世代代的信眾家庭。

不論是會媽會或是青年會，在相同媽祖信仰的認同感中，會媽們努力不讓彰化以外的信徒們感到被孤立，除了替媽祖服務外，亦盡力維繫著神與人，人與人之間的情誼，是民俗活動中珍貴的一環。

渡溪進香路，最高品質靜悄悄

藉由潦溪體驗感受先民足跡，深刻感受到人民對媽祖的推崇。

媽祖廟的信仰圈往往難以用現在的行政區域劃分，尤其是清朝時代沒有台中、彰化之分，因此北從大甲溪，南至虎尾溪，皆有南瑤宮媽祖的信徒。

到了日治時期，因彰化市財政拮据，而市內之眾寺廟廟產豐餘，市議會即成立「彰化市寺廟整理委員會」，管理市內包括南瑤宮在內的各寺廟之財產，並明定以其寺廟收入轉為興辦慈善、教育事業之用，彌補彰化市財政歲出，從此之後，彰化南瑤宮便從民廟轉為由政府介入管理的官廟。

因為過去民官之間的轉換不易，時至戰後，細則難以釐清，交接不順，被認定是無法由私人合法繼承廟產之廟宇，改由當地市公所繼續接手管理至今。目前彰化市公所寺廟室管理轄內約十五間廟宇，時任彰化市長即為南瑤宮法定寺廟管理人。

南瑤宮的進香活動因歷史悠久，幾經變革，現為一年一度、為期七天六夜的徒步進香，傳承近二世紀的民俗文化，每到林小姐生日期間，熱鬧整個中台灣。

「大媽四愛吃雞，二媽五愛冤家，三媽六愛潦溪」，這樣琅琅上口的俗諺相應而生，成為當地人熟悉的諺語。因大媽非常靈驗，進香時，信徒許願有求必應，家家戶戶便會準備特別豐富的牲禮來恭奉答謝，祭品中常見雞肉，故稱「愛吃雞」；二媽會進香時，因常有搶香或信眾意見不合之事，故稱「二媽五愛冤家」，但另有說法是認為，這則留言來自林文明被斬的故事，雖然眾說紛紜，但仍為現代社留下各種歷史意蘊與趣味；在西螺大橋興建之前，三媽往笨港進香須涉水渡過濁水溪，故稱三媽「愛潦溪」。

以現在便利方便的交通建設，南瑤宮「三媽六」的進香隊伍，大可不必潦溪。節目首任製作人廖浤亦認為，民俗文化的可貴之處，就是將「人民約定成俗的事情」，如常的在生活中進行並保存。就如同端午吃粽子、中秋要賞月這些約定成俗的傳統，所以每當南瑤宮的進香輪值到「三媽六」，也有著最多信徒報名參與。

因為吸引他們的就是藉由潦溪這件事，來體驗感受先民的足跡，深刻感受到人民對南瑤宮媽祖的推崇與堅定。放眼世界各個宗教的信仰，無論是天主彌撒、基督禮拜甚或伊斯蘭的朝拜，不也就是眾人把宗教儀式融入生活，這就是「宗教民俗」。是歷史的延續，窺見先民的生活方式；也是對人民的制約，藉由儀式警惕人心。

渡溪屬進香活動中的一樁大事，必須謹慎為之。開始渡溪前，眾人集結整隊，一一分發小燈籠，讓人繫在腰間，待大家都準備好後，才依序開始涉水。

即使隊伍中有林小姐坐鎮，仍有須留意、不可觸犯的禁忌。第一、潦溪時間是晚上，屬於比較「陰」的時段，涉水全程要保持肅靜，勿喊他人姓名。第二、每個人必攜帶金紙沿路撒向天空（亦有老一輩說法是撒向媽祖鑾轎），當作是犒賞好兄弟的買路錢。第三、如有東西不慎掉入水中，請不要撿起，避免沾染污穢之氣。謹記上述三點，依照廟方人員指示，即可親自參與這條百年的水上進香之路。

涉水毋免驚，林小姐做夥慢慢行

媽祖遶境常伴隨著許多神蹟奇事，其中涉水

較為危險，因此南瑤宮媽祖顯靈，讓進香客安全通過的傳說，遂流傳信眾之間，更顯林小姐的神威顯赫。

據說某年進香隊伍回鑾途中碰上傾盆大雨，雨水不停，溪水暴漲，水勢險惡，難以渡溪而過。但當神轎行至濁水溪邊時，說時遲，那時快，溪水忽然從中一分為兩，裂出一條乾地，讓鑾轎及進香隊伍可以順利穿越。待隊伍全員通過之後，溪水又再次漫回，恢復先前滾滾洪流的狀態，彷彿舊約聖經中摩西分紅海的台灣媽祖版。

又相傳在清朝時期，某年南瑤宮媽祖回鑾涉水過濁水溪時，由於天色已晚，加上行於水中難以分辨方位，進香團遂迷失方向，正當眾人焦急不已時，發現對岸隱隱發出亮光，大家隨光而前，順利平安地渡河抵岸。

上岸後發現，發光之處，正是五角石塔所在，便認為剛剛所見的救命亮光，是石塔公特地化身指路，從此之後南瑤宮進香回鑾，都會特別遶境到西畔石塔，感念、回報這份因緣，石塔所在的饒平地區民眾與南瑤宮也建立深厚的情誼。每年遶境至此地，可感受到饒平村村民特別熱情，而且三媽也對此地格外照顧，會將隊伍分成三路人馬，繞遍饒平大大小小的地方，細心照顧各方居民。

林小姐的神蹟奇事在信徒間口耳相傳，「媽祖潦溪」成為南瑤宮遶境進香為人津津樂道的媽祖傳奇。

十個媽祖會，全台最大媽祖後援會一南瑤媽

製作了節目，紀錄了民俗，傳承了台灣文化

知其然而不知其所以然，在台灣民間的禮俗中，許多人只是拿香跟拜以行腳類節目貼近生活的特性，藉由主持人、旁白或專家老師的說明發現傳承百年的儀式，都有其背後的意義，並且讓觀眾知道——我們都在這一座最精采、稱作「台灣」的民俗博物館上

數以萬計大小宮廟所孕育出來的民俗文化，進而具體呈現在每年成千上萬的傳統民俗活動，這不只是台灣足以傲視國際、以非物質文化遺產所展現的軟實力，更是保有華人社會信仰文化的大型體驗民俗博物館，吸引世界各國人士前來朝聖。

台灣的廟宇最感人的地方在於，這些場所都不僅是單純的空間或者是展示處，對於許多信徒來說，位於自家附近的廟宇，已然超越了信仰中心的角色，當他們的父母離世、家人不在，廟宇變成為他們的老家、娘家，是一個可以安心「回去」的地方。

三立台灣台節目總監謝岳龍曾多次分享，他透過在製作不同節目時持續關注民俗文化相關議題，積累了經驗。因此在製作《寶島神很大》的過程中，必須把握住以正向角度、知識層面報導的中心思想，穩健地從媽祖、王爺、神農等一般人較為熟悉的題材，逐漸推廣到與

神明有關的產業、技藝層面，在節目中融入紮實的民俗知識。

從前文和林小姐有關的故事中，可以看見媽祖之所以在台灣興盛，背後有著移民期盼平安渡過黑水溝的殷切心願。更深層地說，許多儀式都凸顯著台灣作為移民社會，在時代更迭中，透過民間信仰所保留下的歷史痕跡；而遺憾的是，隨著現代化、科技的發展，多元的台灣社會卻逐漸遺忘陣頭、藝閣這些根源於此的文化。

節目自二〇一四年開播以來，至今製播兩百多集、直播超過四十場，在每場廟會活動，感受到台灣人的熱情與活力，這是節目團隊與「人」還有「神」的相遇。我們邀請每一位讀者，能跟著《寶島神很大》的腳步，走進台灣這座民俗博物館裡舉辦的每一場廟會活動。

讓廟會所保留的台灣文化，薪盡火傳，綿綿不息。

生活可以將就，但民俗必須講究。 編導 葉為誠

進入到《寶島神很大》，我進一步認識這片土地上的民俗故事。

編導 范振軒

仰善古延，香火萬年。 編導 葉韋成

百年來先民的人情世故，你我何其有幸參與其中。 企劃 洪辰嫣

文化傳承的紀錄者，點滴濃縮歷史的痕跡。 企劃 蕭建瑋

民俗百科，盡在《寶島神很大》。 企劃 林良益

百年民俗，薈萃其中。 企劃 吳建德

只要是勸人向善、能帶給你正向力量的信仰，就絕對值得尊重！

編導 歐陽宣承

媽，我不只上電視，我還出現在書上了

歷任工作人員感想

《寶島神很大》走到今日實屬不易，如果用一句話比喻的話大概是，只有扛轎者的肩膀上可以感受到神靈有否，只有轎夫的腿上可知路途遠否

總監

《寶島神很大》是愛台客裡頭最接地氣也最神氣的節目！過程中，幕前幕後充滿許多自我突破與熱血堅持的故事，相當精采，值得大家一探究竟！

監製

我看能有如此巨大魅力，有那麼多鋼鐵粉絲的巨星，應該也就只有「國民天后」林默娘小姐而已。台灣人可能認識不到幾個神明，但能琅琅上口的，絕對有媽祖。

首任製作人

《寶島神很大》的使命就是在告訴大家，民俗是一種生活、一種態度、一種認同。

製作人

信仰的力量就是相信自己的力量。 首任執行製作人

踏進民俗的浩瀚，才知道自己的渺小。 執行製作人

信仰一瞬間，道盡數千年。 企劃

台灣特有的民俗文化是世上無二的絕美景致，人因神而聚，神與人偕歡，由衷感謝一路相挺的人，一路庇佑的神。

企劃

很愛台灣民俗的馬來西亞女孩！希望可以看到更多人一起保護台灣珍貴的文化資產！

企劃

信仰帶給人的安定，是一種溫暖又富有力量的東西！謝謝《寶島神很大》帶我們了解來不及參與的歷史以及走入民俗文化背後的故事。

主持人

看到不同人因信仰而凝聚在一起，為了文化的傳承而堅持著，那畫面既感動也充滿力量！能主持《寶島神很大》，我感到很幸福。

主持人

是《寶島神很大》讓我有機會認識如此迷人的民俗文化。

編導 

歷史可以鑒古知今，文化可以承先啟後。台灣信仰就是從歷史文化淬煉出來的精華。

編導 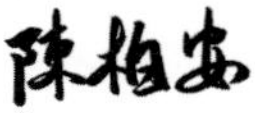

感謝神明與《寶島神很大》的眷顧，讓我有服務他人的機會。

編導 

生活中看似平凡信仰文化，透過節目呈現，變成值得深省及感到驕傲的台灣價值，並永久保存流傳，這是《寶島神很大》存在意義。

企劃 

從害怕鞭炮的女孩，到成為節目一員，神很大不僅帶我了解歷史，更看見那隱藏在生活中，最富溫暖的人情味。

企劃 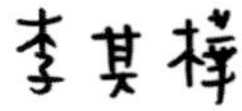

《寶島神很大》是一輩子最壯麗的回憶，教會我信仰會讓人心有所往。

企劃 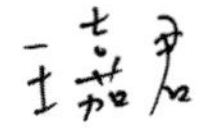

寶島神很大

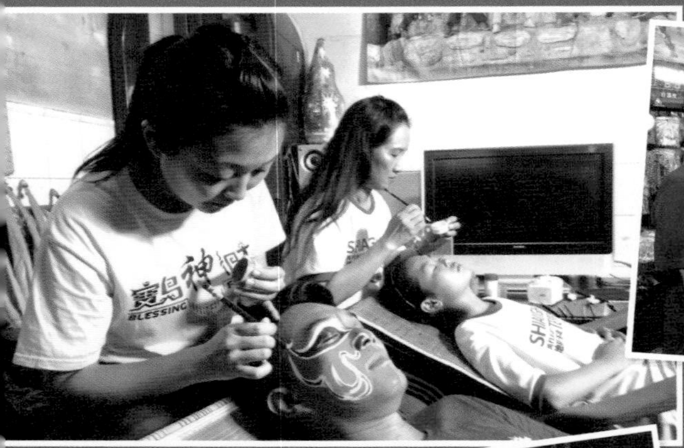
BLESSING

寶島神很大

靜

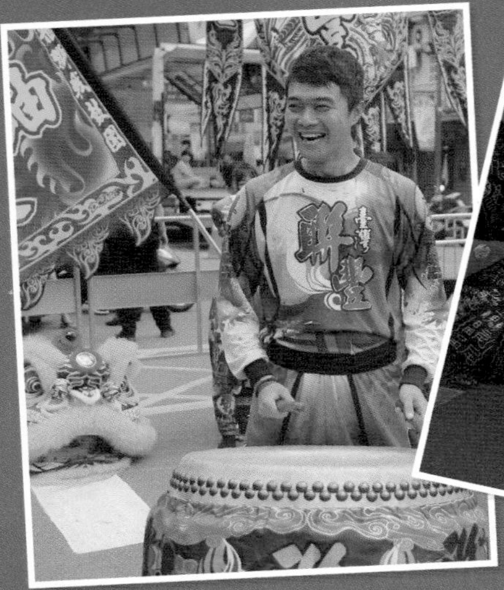

驅冤大神

我的媽呀！林小姐
寶島神很大帶你認識粉絲最多的女神

作　　者　三立電視
文字整理　謝岳龍、楊佩穎、林雅雯
主　　編　楊佩穎
校　　對　楊佩穎、石雅嵐、楊荏喻
美術設計　徐小碧工作室
封面繪圖　粉紅色小屋

國家圖書館出版品預行編目 (CIP) 資料

我的媽呀！林小姐：寶島神很大帶你認識粉絲最多的女神 / 三立電視著 . -- 初版 . -- 臺北市：前衛 , 2020.04
面；　公分
ISBN 978-957-801-911-9(平裝)

1. 媽祖 2. 民間信仰 3. 民俗活動 4. 臺灣

272.71　　109003087

出 版 者　前衛出版社
104056 台北市中山區農安街 153 號 4 樓之 3
電話：02-25865708 ｜傳真：02-25863758
郵撥帳號：05625551
購書・業務信箱：a4791@ms15.hinet.net
投稿・代理信箱：avanguardbook@gmail.com
官方網站：http://www.avanguard.com.tw

出版總監　林文欽
法律顧問　南國春秋法律事務所
總 經 銷　紅螞蟻圖書有限公司
11494 台北市內湖區舊宗路二段 121 巷 19 號
電話：02-27953656 ｜傳真：02-27954100

出版日期　2020 年 4 月初版一刷
2020 年 5 月初版二刷
定　　價　新台幣 380 元

Printed in Taiwan　ISBN　978-957-801-911-9
* 請上『前衛出版社』臉書專頁按讚，獲得更多書籍、活動資訊
https://www.facebook.com/AVANGUARDTaiwan